VOYAGE
AU
PAYS DE DAHOMÉ,
SITUÉ DANS L'INTERIEUR
DE LA GUINÉE,

Avec l'Histoire de ce Royaume,

SUIVIE

D'Observations sur la Traite des Negres;

PAR C. B. WADSOROM.

Traduit de l'Anglois.

A PARIS,
Chez GAY & GIDE, Libraires, rue Honoré,
N°. 85, & rue d'Enfer, N°. 731.

L'An III. de la République.

AVANT-PROPOS
DU TRADUCTEUR.

Il est essentiel, en lisant l'Ouvrage de M. Norris, de se rappeler qu'il regne en Angleterre deux opinions importantes. L'une veut qu'on abolisse la traite, & l'autre ne le veut pas. L'Auteur de ces Mémoires est contre l'abolition, par conséquent il n'a pas flatté le tableau de l'Afrique & de ses habitans. Malgré cela, ces Peuples nous inspirent de l'intérêt, autant par les malheurs qui les oppriment, que par leur soumission extrême à leurs despotes, qu'ils adorent, malgré leur cruauté. Ce n'est pas le caractere africain qu'il faut attaquer, c'est celui de leurs tyrans, qui sentent qu'ils ne peuvent se maintenir dans leur gouvernement que par la terreur que leur nom porte dans le cœur de leurs sujets. Ceux qui prétendent qu'il faut abolir la traite, disent qu'il faudroit mieux connoître l'Afrique, y former des établissemens, & faire de ses habitans, non des esclaves, mais des cultivateurs libres. Malgré le tableau de la barbarie qui regne dans ces contrées, on en sent toujours le désir, & l'on regrette l'abandon d'une terre aussi fertile, & le mépris qu'on a pour ses belles & riches productions.

Si la passion que les Africains ont pour les liqueurs fortes & les marchandises européennes, peut les porter à tout, ce mobile puissant peut avoir une bien meilleure application que celle qu'on en fait en ne leur cédant les marchandises qu'au prix de leur liberté. Je suppose qu'un des petits souverains d'Afrique eût besoin d'eau-de-vie; pourquoi ne pas l'obliger à faire cultiver un canton, au lieu de vendre ses sujets, & ne lui céder l'objet de ses désirs qu'en raison des défrichemens qu'il auroit fait faire ? Mais cette maniere simple & facile de convertir un commerce infame en un commerce légitime & fructueux, est précisément ce que l'on ne veut pas adopter, parce qu'une autre habitude est prise, & que toujours on préfere un bénéfice médiocre, mais prompt, à un bénéfice plus grand, mais plus lent à venir. Il faut donc ne pas perdre de vue, en lifant les ouvrages que l'on écrit aujourd'hui fur l'Afrique, quelle eft l'opinion des Auteurs fur l'abolition de la traite. Ceux qui penfent qu'il faut l'abolir, vanteront peut-être un peu trop un pays très-fertile, mais qui a befoin d'être cultivé; ceux qui font contre cette abolicn, déprécieront un climat trop peu connu, mais que tous les voyageurs impartiaux nous difent être le continent le plus riche de tous ceux du globe terreftre. Heureufement que les voyages en Afrique fe multiplient chaque jour. Les Anglois, toujours jaloux d'être les premiers à connoître ce qui peut étendre leur puiffance & leurs richeffes, quoique de tous les peuples celui qui faffe le plus grand commerce des esclaves, ne négligent pas de faire des recherches qui les mettront à même un jour de parer à la suppression inévitable de la traite des noirs, en formant des établissemens dans les lieux de l'Afrique les plus favorables. Ils ont ordonné plusieurs voyages dans l'intérieur de ce continent, dont chaque jour toutes les descriptions deviennent de plus en plus intéressantes; & celle que nous présentons au public nous a paru avoir assez de mérite pour qu'il nous sût gré de la lui avoir fait connoître.

EXTRAIT

EXTRAIT

D'UNE LETTRE DE L'AUTEUR

A L'ÉDITEUR.

JE souhaiterois que le manuscrit que vous vous êtes donné la peine de lire méritât davantage l'attention du public ; mais parmi les occupations & les affaires que l'on a nécessairement quand on ne fait qu'une résidence momentanée en Afrique, on trouve peu de temps à donner à des recherches sur l'histoire naturelle ou politique de ce pays ; & la stupidité des naturels est une barriere insurmontable contre les informations qu'exige cette étude.

Vos instances sont trop pressantes pour me refuser plus long-temps à laisser imprimer ces mémoires ; & quoique je n'aie nulle envie d'y mettre mon nom, cependant, si vous croyez que la chose soit absolument nécessaire pour donner aux faits *l'authenticité & la confiance qu'ils méritent*, je vous laisse le maître d'en agir comme il vous plaira.

Il ne m'a pas été facile d'éviter de me servir

des mots *roi*, *général*, *palais* & autres semblables, afin que le lecteur pût me comprendre. Par exemple, ce que j'appelle *palais* est exprimé en langue du pays par le mot *Simbomy*, qui (traduit littéralement) signifie une *grosse maison*. Cette expression auroit pu sonner mal, & j'ai préféré me servir d'un terme analogue & plus familier à l'oreille. Mais quand on rencontre ces mots, il ne faut pas vouloir y attacher les mêmes idées qu'ils présentent ordinairement à l'esprit quand on parle d'un peuple civilisé; & les raisons que je viens de donner, feront trouver moins ridicule d'avoir attribué le nom de roi à un barbare brutal, ou d'avoir donné pompeusement celui de palais à un séjour qui a plutôt l'air d'un chenil ou d'un écurie (1).

Atkins, qui a vu le palais du roi de *Juda*, avant qu'il eût été détruit, le dépeint comme « un bâtiment vaste & mal-propre, d'un mille » ou deux de circonférence, & construit avec » des bambous ; cette enceinte renfermoit un » millier de concubines, & c'étoit là que le roi

---

(1) Si l'auteur n'a pu se dispenser de se servir des mots *roi*, *général*, *palais*, on pardonnera bien au traducteur d'employer ceux de *trône* & de *majesté*.

» partageoit son temps entre ses femmes & la
» table ». J'ose croire que tout le reste étoit
analogue à cette description.

Le *simboimy* royal, ou grande maison de *Cal-mina*, est entouré d'une muraille de boue de la hauteur d'environ vingt pieds ; l'espace qu'elle renferme est à peu près un carré dont chaque côté n'a guère plus d'un mille d'étendue ; car les deux que je mesurai, avoient chacun en longueur, seize cents de mes pas. Au centre de chacun de ces côtés, il y avoit un large bâtiment dans lequel étoit placée une garde composée de femmes & d'eunuques sous les armes. On voyoit sur les toits, qui étoient en chaume, les crânes d'un grand nombre de prisonniers de guerre rangés sur de petits pieux de bois. Les appartemens intérieurs que j'eus occasion de voir, n'étoient que plusieurs vastes cours qui communiquoient les unes avec les autres ; la plupart étoient carrées & oblongues, & entourées de murs de boue. Il y avoit dans chacune d'elles une espèce de portique ou hangar formé avec des poteaux d'environ sept pieds de haut, & plantés en terre à douze ou quatorze pieds de la muraille : l'espace intermédiaire étoit couvert d'un toit penché, fait avec du chaume, soutenu par des solives de bambous, qui, du haut de la muraille, élevée dans cet endroit d'environ vingt pieds, mais seulement de huit ou dix dans les autres côtés de la cour, portoient sur les poteaux. L'aire de ces cours n'est formée que par le sol lui-même du pays; mais au dessous de ces abris, le terrain étoit élevé de quelques pouces par un lit de mortier formé avec de la claye : dans quelques endroits, la muraille étoit blanchie avec une espece de terre à pipe qu'on trouve dans le pays. Le tout ensemble avoit quelque ressemblance avec plusieurs basse-cours de campagne réunies avec de longues granges couvertes de chaume, des cabanes pour retirer les troupeaux, & des hangars pour les charrues, séparés les uns des autres par des murs de torchis peu élevés. Il est plus difficile de donner la description de l'intérieur de ces sortes de palais, parce que jamais aucun homme n'y pénètre, & que l'entrée des appartemens des femmes est défendue avec une sévérité dont n'approche point la jalousie des Orientaux. Je n'ai jamais passé les limites de ces cours qu'une fois à *Abomé*, lorsque le vieux roi *Ahadée*, qui étoit malade, voulut me voir dans sa chambre à coucher, qui étoit de forme circulaire & d'environ dix-huit pieds de diametre; le toit étoit de forme conique & en chaume ; les murs étoient de boue, mais blanchis en dedans; il y avoit au devant une espèce d'aire peu spacieuse, formée par une muraille d'environ trois pieds d'élévation, & dont la partie supérieure étoit revêtue ou plutôt criblée de mâchoires humaines. Le sentier qui conduisoit à la porte étoit pavé de crânes humains. Les matelas & les bois de lit étoient de fabrique européenne, & les rideaux étoient très-courts ; l'ameublement consistoit en une petite table, un coffre, & deux ou trois chaises. Le plancher, qui étoit fait avec de la claye, étoit revêtu d'un tapis que je lui avois vendu quelques mois auparavant. Les appartemens des femmes (qui ont chacune une cabane séparée) occupent, je crois, l'espace restant entre les murs du palais, à l'exception d'un petit canton réservé aux eunuques, & à quelques magasins nécessaires pour contenir les provisions de sa nombreuse famille, ainsi que pour renfermer ses *coris*, les barres de fer, les étoffes, les armes, les munitions, &c., & autres articles fournis par les Européens. Le feu roi étoit très-curieux de ces objets, & achetoit tous ceux qu'il pouvoit se procurer, comme tables, chaises, commodes, boîtes à liqueurs en bois d'Acajou, cannes de promenade, étuis à couteaux & à fourchettes ou à cuillers, tasses d'argent & verreries. Je lui apportai un jour une coupe d'argent à deux anses & avec son couvercle, le tout pesant deux cent vingt-six onces. J'ai dîné quelquefois sous les portiques ou hangars dont j'ai parlé, quelquefois aussi au milieu des cours, & alors nous & nos tables étions garantis des rayons du soleil par des parasols que tenoient des serviteurs vêtus à la manière du pays, qui (pour les hommes à Dahomé) consiste en une paire de larges caleçons, & une pièce de toile d'environ trois aulnes de long & deux de large, dont ils s'entourent le corps de façon à laisser le bras droit libre & nud. Je ne trouvai point à dire les mets d'Europe, parce que le roi a toujours un certain nombre de cuisiniers qui apprennent leur métier dans les forts & dans les comptoirs des Européens à Juda. En sorte qu'il lui est facile de régaler à la manière de leur propre pays, ceux qui vont lui rendre visite. On me servit ordinairement mes repas dans des assiettes & des plats d'étain & de terre. Je remarquai que, quoique le touy touy & la viande de chien soient très-fort du goût des naturels, les rois ont cependant l'attention de ne jamais dégoûter leurs hôtes Européens, en faisant servir de ces mets devant eux.

Je ne crois pas que les *Dahomans* soient *antropophages* dans toute l'étendue de ce mot, quoiqu'ils ne se fassent aucun scrupule de manger une victime dévouée dans une fête publique, & qu'ils fassent à leurs propres compatriotes, les naturels de *Toré*, le reproche d'être *cannibales*, dont j'avoue que je ne les crois point coupables. Mais je ne doute nullement que d'autres nations africaines ne soient adonnées à cette pratique dénaturée; car d'après les témoignages nombreux & fidèles de ceux qui ont été à *Bonny*, il est certain qu'un naturel de ce pays tue & mange un homme d'*Audony*, & que toutes les fois qu'un *Audonéen* en trouve l'occasion, il rend la pareille au *Dahoman*, non par manière de triomphe après une victoire, mais comme repas familier. *Snellgrage* est certainement exact, & *Atkins* mal informé & dans l'erreur, quand il parle du motif qui a porté le roi de *Dahomé* à s'emparer des états de *Juda*. J'ai connu plusieurs vieux naturels de *Juda*, ainsi que de *Dahomé*, qui avoient été témoins de l'invasion que *Trudo* fit de ce royaume. Ils n'attribuoient cette entreprise qu'au seul désir d'étendre son empire & d'avoir, de la *premiere main*, les marchandises qu'il avoit coutume d'acheter aux *judaïques* qui étoient en possession de la côte. *Trudo* avoit sollicité auprès du roi de Juda la permission d'avoir un passage libre au travers de ses états, pour faire le commerce directement sur la côte, à condition de lui payer les *droits* ordinaires sur l'exportation des esclaves ; mais il n'en reçut qu'un refus formel : *Trudo* irrité résolut d'obtenir par la force des armes ce qu'il n'avoit pu avoir de l'autre manière ; il attaqua le Roi de *Juda*, le vainquit, & extermina une grande partie des habitans de ce royaume.

La conquête qu'il fit d'abord du royaume d'*Ardra* lui facilita celle de l'autre, dont il est voisin. *Ardra* fut autrefois une nation puissante & nombreuse, dont la souveraineté s'étendoit depuis la rivière du *Volta*, jusqu'au *Lagos*; mais ayant été affoibli ensuite par les révoltes de *Quitto* (appelé par *Bosman*, *Coto*), de *Popoc*, de *Juda*, d'*Appy*, de *Bidagry*, & de *Lagos*, il lui fut impossible de résister aux armes victorieuses de *Trudo*. Le royaume de Juda, dont le souverain avoit eu l'imprudence de refuser de prêter du secours contre l'ennemi commun, devint bientôt lui-même une conquête facile, & avec lui furent soumis & rendus tributaires le port & la province de *Jacquin*. Ce barbare impétueux, après avoir assouvi sa vengeance par le carnage & la désolation de tous les états maritimes qu'il lui fut possible de réduire, tourna fes armes contre les royaumes. de l'intérieur qui avoient réfifté jufqu'alors à fes attaques. Mais ne s'étant pas attendu à être repouffé auffi rudement qu'il le fut, cette difgrace ne fit que redoubler fa férocité, & il chercha à la fatisfaire en commettant de nouveaux attentats dans les pays qu'il venoit de conquérir. Les arts de la paix, l'encouragement de l'agriculture, l'introduction des manufactures, & le projet d'établir & d'étendre un commerce civilifé avec les négocians *européens*, par des échanges réciproques des productions naturelles des endroits les plus fertiles de la Guinée, furent des foins dont il paroît qu'il n'eut jamais la moindre idée, & dont probablement fon efprit n'eût jamais pu être fufceptible. Il eft aujourd'hui reconnu que fa prétendue lettre à fon *frere* George II, le roi d'Angleterre, n'étoit autre chofe qu'une invention impudente d'un certain *Bullfinch Lambe*, qui trouva par-là le moyen de s'avancer auprès du Duc de *Chandos*, qui étoit alors le grand protecteur du commerce de la Grande-Bretagne avec l'*Afrique*.

Toute la politique de *Trudo* fe réduifoit à celle d'un barbare ambitieux & cruel, qui ne favoit fe maintenir dans la poffeffion de fes conquêtes qu'en réduifant les villes en cendres & en égorgeant leurs habitans; c'est dans ces exploits qu'il paſſa quelques-unes des dernieres années de ſa vie, qui finit en 1732. Il eut pour ſucceſſeur *Boſſa Ahadée*, dont je rapporte & ſoumets les Mémoires au public avec autant de modeſtie que de bonne foi.

INTRODUCTION.

Les *Dahomans*, nation puissante & guerrière de l'*Afrique*, située à l'est de la Côte d'Or, entre les rivières *Volta* & *Benin*, n'ont point échappé aux recherches des géographes modernes dont ils ont attiré l'attention par la grandeur de leurs états qui s'étendent jusques aux côtes maritimes, & auxquels fut réuni, par droit de conquête, le royaume de Juda, pays si important par son commerce, que les Anglois, les François, & les Portugais y maintiennent des forts pour la défense de leurs comptoirs respectifs.

Il n'y a guère plus d'un siècle que les *Dahomans* n'étoient qu'un peuple très-peu considérable, mais redouté cependant de ses voisins, à cause de sa valeur & de son adresse dans les combats. Ils étoient connus alors sous le nom de *Foys*, & la ville de *Dahé*, qui est située entre *Calmina* & *Abomé*, étoit la capitale de leur petit territoire.

Dès le commencement du siècle dernier, *Tacoodonou*, chef de la nation des *Foys*, viola les lois sacrées de l'hospitalité, en assassinant lâchement un prince souverain, voisin de ses états, & qui étoit venu lui rendre une visite d'amitié pour faire honneur à une des fêtes qu'il donnoit : il attaqua & prit ensuite *Calmina*, qui étoit la capitale des états du défunt : ses forces s'étant accrues par cette conquête, il osa déclarer la guerre à *Da*, roi *d'Abomé*, qu'il assiégea dans sa capitale, & qu'il réduisit en peu de temps. Il mit à mort *Da*, selon le serment qu'il avoit fait de l'éventrer, & plaça son corps sur le toit du palais qu'il fit construire à *Abomé*, en mémoire de sa victoire, & qu'il fit appeler *Dahomé*, de *Da* son infortunée victime, & de *Homé* qui veut dire ventre, c'est-à-dire, maison bâtie dans le ventre de *Da*.

Tacoodonou, après cette conquête,

fixa sa résidence à *Abomé*, & prit le titre de *roi de Dahomé*, dont la cruelle circonstance que nous venons de rapporter donne la véritable étymologie. C'est de là aussi que les *Foys*, ses sujets, prirent en général le nom de *Dahomans* : je dis en général, parce que l'ancien nom de *Foys* subsiste encore dans le pays ; mais je crois cependant qu'ils ne sont connus des Européens que sous le nom de *Dahomans*.

Tacoodonou a donc été le fondateur de l'empire *Dahoman*, qui fut agrandi, après environ un siècle, par son illustre descendant *Guadja Trudo*, qui subjuga divers royaumes, & ajouta à ses possessions, en 1772, la conquête de *Juda*, dont *Snelgrave*, *Atkins*, & autres ont donné des détails particuliers.

Je terminerai ce que j'avois à dire avant de parler du regne de *Bossa Ahadée*, par une liste des rois qui ont gouverné le pays de *Dahomé*.

Tacoodonou conquit *Abomé*, & fut le fondateur de l'empire Dahoman, vers l'an 1625.

Adanzou I commença à régner en 1650.

Vibagée, en 1680.

Guadja-Trudo (qui conquit *Ardre, Juda, Jacquin*) en 1708.

Boſſa-Ahadée, en 1708.

Adanzou II, roi actuel, régnant depuis 1774.

MÉMOIRES
DU RÈGNE
DE BOSSA-AHADÉE,
ROI DE DAHOMÉ,
ÉCRITS EN 1773.

CHAPITRE PREMIER.

Bossa-Ahadée succéda à son père *Guadja-Trudo* dans le royaume héréditaire de *Dahomé*, ainsi que dans la possession de ces domaines étendus & nombreux que ce tyran heureux avoit acquis par la force de ces armes, tels que les royaumes précieux d'*Ardra*, de *Juda*, de *Torée*, de *Didouma*, d'*Ajirra*, & de *Jacquin* du côté de la mer ; indépendamment de plusieurs états, frontières de *Dahomé*, comme *Povey* qu'il assigna pour patrimoine à l'héritier présomptif, & autres dont je ne connois pas les noms. Tous ces pays furent conquis par *Trudo*, qui vécut assez pour les voir tous asservis effectivement à son empire.

Trudo eut la politique de laisser à ses nouveaux sujets le libre exercice de leurs diverses superstitions, & de les incorporer avec les *Dahomans*, en favorisant entre eux les mariages, si l'on peut s'exprimer ainsi. Par-là il n'y eut plus de distinctions entre les vainqueurs & les vaincus ; ils ne firent plus qu'un même peuple. Plusieurs de ceux qui s'étoient enfuis de leur pays natal, pour éviter les horreurs de la guerre, furent engagés à revenir, & se soumirent paisiblement au nouveau gouvernement ; de cette maniere, son empire se repeupla dans toutes les parties, & le dévouement au nouveau roi fut si parfait, qu'aucun des états conquis n'a plus été tenté, jusqu'à ce jour, de faire aucun effort pour ravoir son ancienne indépendence.

Telle étoit la situation des affaires de *Trudo* lorsque, très avancé en âge, il paya la dette de la nature. Sa mémoire est encore chere aux *Dahomans*, & dans les choses importantes, il est

est d'usage parmi eux de jurer par son nom, & c'est la plus sacrée des imprécations. Ses conquêtes nombreuses attestent qu'il fut un grand guerrier; il paroît même qu'il étoit aussi courtois qu'intrépide, par la réponse qu'il fit aux gouverneurs des forts que les François, les Anglois, & les Portugais avoient à *Juda*, lesquels, lorsqu'il fit la conquête de ce royaume, lui adressèrent une requête pour le prier de diminuer les droits que les souverains précédens avoient exigés de chaque vaisseau européen qui y venoit faire le commerce. « Pour vous prouver mon estime, » leur dit-il, j'en userai avec vous comme un » vieillard envers sa jeune épouse à laquelle il » ne peut rien refuser; il sera fait comme vous » le demandez; je vous fais remise pour tou» jours de la moitié des droits ».

Comme c'est un crime, pour les naturels de ce pays, de parler d'affaires de politique, ou de faire aucune remarque sur l'administration des affaires publiques, il est difficile d'y acquérir une connoissance de faits bien étendue; & le peu d'informations qu'on y peut prendre, n'est jamais que très-imparfait : la mémoire des évenemens les plus intéressans meurt en général avec ceux qui y sont intéressés. Dans ce pays barbare, les peres n'ont pas l'occasion de raconter à leurs

B

enfans aucun détail de ce qu'ils ont fait ou vu. Leurs enfans appartiennent à l'état, ou plutôt sont la propriété du roi, auquel ils sont envoyés à un âge trop tendre pour se souvenir de rien qui ait rapport à leurs parens. Le vieux soldat n'ose pas montrer ses blessures, ni raconter, le verre à la main, les batailles où il s'est trouvé. Cependant, ayant fait une longue résidence dans ces contrées, j'ai trouvé le moyen d'y recueillir ces mémoires que j'ai mis en ordre chronologique, autant que les recherches que j'ai faites ont pu me le permettre.

La mort de *Trudo* fut tenue cachée, comme c'est l'usage dans ces occasions, jusqu'à ce que les premiers ministres, qui ont le nom de *Tamegan* & de *Maybou*, se fussent consultés ensemble, & fussent convenus entre eux lequel des deux fils devoit succéder à son père ; c'est un devoir qui est confié à ces officiers lors du décès de leur souverain : car quoique le fils aîné soit regardé comme l'héritier présomptif du royaume après la mort de son père, cependant, si quelque défaut ou quelque vice de corps ou d'esprit le fait regarder, par ces ministres, comme indigne d'être élevé à un aussi haut rang, ils ont le pouvoir de le rejeter, & de choisir, parmi les autres enfans du feu roi, celui qui leur paroît le plus digne & le plus capable de gouverner (1). Ce fut en effet l'aîné des fils de *Trudo* qui fut exclu dans la circonstance dont il s'agit, & les électeurs fixerent unanimement leur choix fur *Ahadée*, dont le règne n'a été qu'une chaîne continuelle de malheurs pour ce pays infortuné, & qui, nonobstant quelques bonnes qualités, n'en a pas moins été, au total, un méchant roi, & un plus méchant homme encore.

Tamegan & *Maybou* ayant déterminé leur choix, annoncerent la mort de *Trudo*, & proclamerent roi *Ahadée*. *Zingah*, son frère aîné, se voyant déchu de ses espérances, & fort affligé de la perte d'un héritage qu'il s'étoit flatté de posséder un jour, sonda les dispositions intérieures de ses amis. S'étant d'abord adressé à

---

(1) Nous savons aussi que c'étoit la même coutume dans le royaume de *Juda*, où il régnoit un pillage général jusqu'à ce que le choix d'un nouveau roi eût été annoncé au public; il y a quelque chose de remarquable dans cette anarchie momentanée (qui semble être un retour vers l'état de nature), c'est de faire sentir aux peuples le prix d'un gouvernement, & de lui faire désirer vivement le rétablissement de la puissance souveraine; ce fut là sans doute le principe politique de cet usage singulier.

ceux fur lefquels il avoit répandu des bienfaits pendant la vie de fon père, un grand nombre lui promit de le feconder dans fes deffeins & de fe mettre dans fon parti. Il prit donc des mefures fecrètes & concertées pour furprendre fon frere & s'emparer du gouvernement, foit par rufe ou par force. *Ahadée* cependant fut averti du complot qu'on tramoit contre lui ; *Zingah* & les principaux conjurés furent arrêtés au moment même où ils prenoient les armes pour accomplir leur deffein : *Zingah* fut coufu dans un hamac à *Abomé*, & fut porté ainfi jufqu'à *Juda*, où il fut mis dans un canot, enfuite tranfporté à deux lieues en avant dans la mer, où il fut jeté & noyé. La loi du pays défend de répandre le fang royal, qui eft regardé comme facré ; mais elle permet de punir ainfi les princes coupables. Telle fut donc la fin de *Zingah, dont tous les complices furent mis à mort.*

Le roi, n'ayant plus de rival à craindre, & paifible poffeffeur de fes états, leva alors le mafque, & donna un libre cours à tous fes penchans, qui, malheureufement, étoient des plus vicieux. Le premier édit par lequel il fignala fon avénement au trône, fut pour faire mettre à mort tout homme qui porteroit le nom de *Boffa*. Cet ordre cruel fut ponctuellement exécuté dans fon royaume; *jeunes* & *vieux*, tous périrent indistinctement : & pour satisfaire à un point de vanité, à l'idée ridicule que ce seroit une insulte pour sa majesté si un sujet portoit le même nom que son souverain, l'état perdit des hommes utiles, & une foule de victimes innocentes furent immolées.

Quoique la renommée ait transmis à la postérité une pareille atrocité, elle n'a pas voulu cependant grever davantage son souvenir, & a enseveli dans l'oubli les actes répétés de cruauté & d'oppression qui enfin porterent *Maybou* à la révolte, & le déterminerent, en 1735, à prendre les armes, pour affranchir sa patrie de la tyrannie sous laquelle elle gémissoit.

D'après cet échantillon de caractère, il n'est pas difficile de juger de quoi le Roi pouvoit être capable; il faut en effet que les motifs qui porterent *Maybou* à cette extrémité, fussent bien violens; car les *Dahomans* sont naturellement très-disposés à bien penser de leurs souverains & à approuver toutes leurs actions : ils ont pour eux une vénération mêlée d'amour & de crainte, qui approche beaucoup de l'adoration. « Je songe » à mon roi », me disoit un naturel de Dahomé, quand je lui demandois, un moment avant d'aller au combat, s'il ne craignoit pas que

l'ennemi fût supérieur en forces. « Je ne songe
» qu'à mon roi, disoit *Dakou* (1); avec cette
» pensée je ne craindrai pas de me battre contre
» cinq adversaires ». Je crains pour vos jours,
lui dis-je, & je fais des vœux pour que vous
échappiez aux dangers de cette journée. « Ma
» vie n'est rien, reprit-il, elle appartient à mon
» roi, & non à moi; s'il lui plaît d'en disposer,
» je suis prêt à me soumettre, ou si je suis tué
» dans le combat, que m'importe? je suis con-
» tent si je péris au service de mon roi ». Tous
les *Dahomans* sont remplis de ces mêmes sentimens; aujourd'hui même, après avoir enduré
une tyrannie de quarante ans, leur fidélité &
leur attachement sont inébranlables (2). Quoique chaque jour des victimes soient immolées
à son avarice ou à sa colère, & qu'il n'y ait

---

(1) Serviteur fidèle que j'avois employé dans mon
comptoir, & qui ayant eu ensuite le malheur d'encourir injustement la disgrace du roi, fut vendu en esclavage par son ordre.

(2) Quel caractère que celui de ces bons peuples! Quels
progrès n'y feroit pas la civilisation, si les Européens
pouvoient se convaincre de l'avantage qu'ils trouveroient
à y faire des établissemens! (*Note du traducteur.*)

aucun de ses sujets à qui ses ordres cruels n'aient enlevé quelque ami ou quelque parent tendrement aimé ; cependant ces peuples n'ont jamais attribué leurs malheurs qu'a leurs propres indiscrétions, & ils sont persuadés que tout ce que le roi fait est toujours bien. On ne trouveroit point ailleurs, sans doute, une soumission & une obéissance plus aveugles.

Maybou, qui avoit été élevé auprès de *Trudo*, & qui avoit combattu sous lui, qui enfin avoit connu des jours plus heureux, voyant que ses efforts ne pouvoient rappeler le jeune roi à lui-même, & qu'il fermoit l'oreille aux bons conseils qu'il cherchoit à lui donner, ne put pas rester plus long-temps spectateur tranquille des malheurs de son pays : il sentoit combien il s'étoit trompé en préférant *Ahadée* à son frère, & croyant que sa patrie exigeoit de lui comme un devoir, de l'affranchir d'un tyran qu'il avoit concouru à placer sur le trône, il se retira de la cour, & parut bientôt à la tête d'un armée puissante de rebelles. C'est ainsi qu'ajoutant aux maux dont *Ahadée* affligeoit sa patrie, il la plongea dans les horreurs d'une guerre civile, dont l'issue lui auroit toujours été funeste, lors même que l'événement auroit eu un succès proportionné à la justice du motif. Mais il en fut tout autrement, par l'habileté de l'*Agaou* (1) qui commandoit l'armée royale, dans laquelle se trouvoient plusieurs braves vétérans qui avoient si souvent été vainqueurs sous *Trudo*. Il défit entièrement les rebelles. *Maybou* & plusieurs de ses amis furent tués dans le combat. Les prisonniers qui furent faits dans cette occasion furent *mis à mort*; & le peu qui échappa, n'ayant rien à espérer de la clémence du roi, & pour éviter les tortures qui les attendoient, se réfugièrent dans les états voisins, & finirent leurs jours dans l'exil. Il ne paroît pas cependant que le roi eût conservé aucun sentiment de vengeance contre la famille du rebelle; car peu de temps après il donna le grade de *Maybou* à son frère plus jeune, qui a continué de l'être jusqu'à présent, circonstance assez extraordinaire dans la conduite de *Ahadée*, dont les exemples de clémence furent très-rares. Pour des offenses bien moins graves que celle de *Maybou*, lorsqu'un homme commet, ou (ce qui est la même chose chez les *Dahomans*) est accusé d'un

_____

(1) Agaou est le titre du commandant en chef de l'armée du roi, & non le nom particulier d'un individu.

crime pour lequel il est condamné à la *mort* ou à l'esclavage, ses biens sont confisqués au profit du roi; ses serviteurs, ses parens, & ses amis, tous sont arrêtés; quelques-uns seront même quelquefois mis à mort, tous les autres sont vendus en esclavage : lorsque l'accusé est un homme d'importance, dont les relations & la parenté sont fort étendues, en les condamnant, par rapport à lui, à la mort ou à la servitude, l'état ne laisse pas que de faire une perte assez considérable. C'est cependant une calamité assez fréquente, & qui, réunie au carnage des guerres, a contribué beaucoup à dépeupler ce pays infortuné.

CHAPITRE II.

LA tranquillité fut rétablie dans l'intérieur du royaume par la défaite de *Maybou*; mais les *Foys* ne jouirent pas long-temps des douceurs de la paix; la destruction les menaça d'un autre côté. Il y a au nord de *Dahomé* un pays assi beau que fertile, & très-étendu; il est habité par un grand peuple très-guerrier, & qu'on appelle *Eyoes*, le fléau & la terreur de tous leurs voisins. Les *Eyoes* sont gouvernés par un roi dont la puissance, il est vrai, n'est pas aussi absolue que celle du tyran de *Dahomé*. Si ce qu'on dit de lui est vrai, lorsque le peuple s'offense avec raison de sa mauvaise conduite, on lui envoie une députation pour lui dire & lui représenter que le fardeau du gouvernement l'a tellement fatigué, qu'il est bien temps qu'il se repose de ses travaux, & qu'il se permette un peu de sommeil; alors le roi remercie son peuple de son attention pour sa santé, & se retire dans son appartement, comme pour prendre du repos, & là il donne ordre à ses femmes de l'étrangler, ce qui est exécuté sur le champ: alors son fils lui succède paisiblement, toujours sous les mêmes conditions de de ne tenir les rênes du gouvernement qu'autant que sa conduite méritera l'approbation de son peuple.

Les *Dahomans*, pour donner une idée de la force d'une armée d'*Eyoes*, assurent que lorsqu'ils vont à la guerre, le général étend le cuir d'un buffle devant la porte de sa tente, aux deux côtés de laquelle il enfonce dans la terre une lance entre lesquelles les soldats défilent jusqu'à ce que la multitude qui passe sur le cuir l'ait usé jusqu'à le percer; aussi-tôt qu'il y voit un trou, il présume avoir suffisamment de troupes pour se mettre en campagne. Il est possible que les *Da-*

homans exagèrent, mais il est certain que les *Eyoes* forment une nation très-nombreuse, très-belliqueuse, & très-puissante.

En 1738, ils s'emparèrent du royaume de *Dahomé* avec une armée à laquelle rien ne put résister, & ils mirent le pays à feu & à sang jusqu'aux portes *d'Abomé* ; les *Foys* avoient réuni leurs forces dans ce lieu, & attendoient l'arrivée de l'ennemi qui avançoit en nombre prodigieux.

Les *Foys*, quoique moins nombreux, ne furent point intimidés ; ils avoient servi sous *Trudo*, mais jamais ils n'eurent d'occasion où il fût plus nécessaire de rappeler tout leur courage ; ils risquoient dans ce moment de perdre leur patrie & tout ce qu'ils avoient de plus cher ; aussi firent-ils toute la défense à laquelle on devoit s'attendre. Deux fois ils repoussèrent les *Eyoes*, & faillirent les défaire entièrement ; mais de nouveaux ennemis remplaçant sans cesse ceux qui succomboient, les *Foys*, épuisés de fatigue, furent obligés enfin de céder à la supériorité du nombre, &, à la faveur des ombres de la nuit, ils se retirèrent dans Abomé, après avoir tué aux *Eyoes* environ le double du nombre de leur propre armée. Leur situation fut alors vraiment déplorable, & ils n'eurent plus devant les yeux que l'entière destruction du nom & de la nation de *Dahomé*.

Abomé est une très-grande ville entourée d'un fossé profond, mais sans muraille ni fortification qui puissent défendre les assiégés ; il n'y a pas même aucune source d'eau potable, par conséquent elle ne pouvoit pas résister long-temps. Les premiers soins des *Dahomans* pendant la nuit qui suivit la bataille, & tandis que les *Eyoes* étoient trop fatigués pour les en empêcher, furent d'envoyer les blessés, les femmes, & les enfans à *Zaffa*, ville qui étoit à la distance d'environ vingt-cinq lieues, & où étoit alors le roi, qui, dès la nouvelle de l'issue malheureuse du combat, s'étoit immédiatement transporté avec ses femmes & ses trésors dans une retraite inaccessible, qui n'est qu'à quatre heures de chemin de *Zaffa*. Le sentier qui y conduit en est extrêmement tortueux & difficile : il n'est même connu que de très-peu de Dahomans ; on n'y va que dans les cas d'extrême nécessité, & lorsque le roi est obligé de s'enfuir pour la sûreté de sa personne. Comme il n'y a que la famille royale qui puisse prendre un asile dans ce lieu, on regarda comme une marque extraordinaire de considération, qu'il fut permis à M. *Grégory*, gouverneur du fort des Anglois à Juda, qui étoit alors à *Zaffa* dans cette malheureuse circonstance, de partager la retraite du roi. *Agaou*, le général des armées du roi, continua de défendre la place, & amusa l'ennemi jusqu'à ce qu'il fût assuré que le roi étoit en sûreté, & *Zaffa* évacuée : alors il profita de l'obscurité de la nuit, conduisit sain & sauf le reste de son armée, dépassa l'ennemi, & s'enfuit, laissant la ville à la merci des *Eyoes* qui la pillèrent & la brûlèrent. Ils en firent autant à *Calmina* & à *Zaffa* : ils vécurent dans le pays à discrétion, tant qu'ils y purent trouver à subsister ; & quelques mois après, faute de vivres, ils s'en retournèrent dans leur pays. Si pendant qu'ils étoient engagés à *Abomé*, ils eussent détaché une partie de leur nombreuse armée & attaqué en même temps la ville de *Zaffa*, ils se feroient inévitablement rendus maîtres du roi & de ses trésors : aussi, faute de cette vigilance, leur général fut disgracié à son retour.

Les *Eyoes* continuèrent pendant long-temps à harrasser *Dahomé*. Tous les ans ils faisoient de fâcheuses visites à ses habitans. Les *Foys* ne jugèrent jamais prudent de les engager par la suite dans aucune action décisive ; ils se contentoient d'évacuer leurs villes, de se diviser en petites troupes, & de chercher pour eux-mêmes un refuge dans les forêts, où ils s'enfuyoient précipitamment auſſi-tôt qu'ils apprenoient l'arrivée des ennemis. Le roi fit tous ſes efforts pour obtenir un accommodement, & leur offrit les compenſations les plus raiſonnables, pour faire ceſſer les hoſtilités & les incurſions ; mais il étoit difficile de ſatisfaire aux demandes qu'on leur faiſoit. Les *Eyoes* réclamoient, d'après un ancien traité, un tribut annuel, dont le payement avoit ceſſé d'être fait dans les jours proſpères de *Trudo*. Les arrérages étoient conſidérables, & l'on y ajoutoit de nouvelles demandes, à cauſe de la conquête de *Juda* que les *Eyoes* regardoient comme une ſource inépuiſable de richeſſes pour le roi ; enfin leurs prétentions étoient ſi exorbitantes, qu'*Ahadée* trouva impoſſible d'y ſatisfaire, & les *Eyoes* continuèrent à ravager le pays pendant pluſieurs années, brûlant les villes, détruiſant les récoltes, égorgeant un grand nombre de naturels, & en emmenant davantage encore en eſclavage. Cependant les *Eyoes* conſentirent, en 1747 à un accommodement, & ceſſèrent leurs hoſtilités, moyennant un tribut qu'on leur paye tous les ans à *Calmina* au mois de novembre.

CHAPITRE III.

AU milieu de tous les maux que les *Dahomans* éprouvèrent de la part des *Eyoes*, ils eurent encore à soutenir deux autres guerres sanglantes (dont chacune dura plus de trente ans) avec les *Mahées* & les anciens naturels de *Juda*, qui, lors de la conquête de leurs pays, en avoient fui, mais qui revinrent alors, aidés du secours des *Popoes*, leurs voisins.

Le pays des *Mahées*, qui est d'une étendue considérable, est situé à l'ouest de *Dahomé*, dont il est frontière ; il est divisé en plusieurs petits états, gouvernés chacun par des lois particulières, & indépendans les uns des autres. Ces états forment une *république*, & se réunissent pour la sûreté commune, lorsque quelque danger menace quelqu'un des confédérés. *Ahadée* avoit provoqué lui-même la guerre qu'il eut avec eux : ils étoient disposés à vivre en amitié avec lui ; mais son caractère turbulent ne lui permettoit jamais de demeurer en paix. Il prétendit avoir droit à partager leurs intérêts nationaux, & insista sur des changemens qu'il voulut leur faire faire dans leur gouvernement ; & sur ce qu'ils refusèrent de les adopter, il leur déclara la guerre. Il avoit entendu dire dans sa jeunesse que les *Foys* étoient invincibles, & qu'on ne pouvoit pas résister à leurs armes: mais s'il en étoit ainsi du temps de *Trudo*, les malheurs & les disgraces qu'il essuya durent bien lui apprendre à être moins confiant. Il prit donc la résolution d'abolir cette république, & de donner un roi aux *Mahées*; mais il lui manquoit des talens proportionnés à une telle entreprise. *Trudo* avoit été monarque, homme d'état, général; il réunissoit tout en sa personne, & combattit toujours à la tête de ses troupes. *Ahadée*, renfermé dans les murs de son sérail, entouré de la foule des ministres de ses plaisirs, habitué à la plus prompte obéissance à ses volontés, & se flattant d'une conquête facile, crut qu'il n'y avoit rien de mieux à faire, pour accomplir son dessein, que de signifier à son *Agaou*, « *que sa maison avoit besoin de chaume* »; ce qui est la phrase usitée pour donner l'ordre à son général d'aller à la guerre, & qui fait allusion à la coutume de placer les têtes des ennemis tués dans la bataille, ou quelque prisonnier de distinction sur le toit du logement des gardes, situé aux portes de ses palais.

Ahadée prétendoit que ses sujets, obligés de passer au-travers du pays des *Mahées*, pour aller

aller faire le commerce avec les nations qui étoient au delà, étoient souvent vexés par des taxes très-fortes, imposées arbitrairement par les états qu'on avoit occasion de traverser; que ces états étoient si nombreux & leurs souverains si avares, qu'il étoit impossible, dans la situation présente des affaires, de régler leurs demandes pour la sûreté future de la propriété de ses sujets ; mais que si toute la nation des *Mahées* étoit gouvernée par *un seul* roi, on pourroit alors faire des traités qui seroient à l'avantage des deux royaumes. Ce raisonnement n'étoit qu'un pur prétexte ; car jamais *Ahadée* n'avoit manifesté, dans sa conduite précédente, l'intérêt qu'il montra dans cette occasion pour le bien-être & l'avantage de son peuple. Le vrai motif qui le faisoit agir étoit le désir qu'il avoit de donner pour roi aux *Mahées* le frère d'une de ses favorites, qui étoit de ce pays ; mais les *Mahées* ne voulurent jamais renoncer à leur indépendance, ni se soumettre à être gouvernés par un tyran, & *Ahadée* persista dans sa résolution. La guerre commença en 1737, & fut continuée avec cette fureur sauvage qui est ordinaire parmi les nations barbares. Les prisonniers de distinction furent mis à mort, & les autres furent envoyés en esclavage ; cette condition fut encore la meilleure des deux côtés. Il se livra plusieurs combats qui eurent des succès divers ; la victoire fut tantôt pour les *Mahées*, tantôt pour les *Dahomans* ; mais ni les uns ni les autres ne voulurent céder dans leurs prétentions : & il seroit aussi difficile que désagréable de les suivre dans toutes leurs scenes de cruautés.

Le revers le plus facheux qu'essuyèrent les *Mahées* fut en 1752, quinze ans environ après le commencement de la guerre : ils furent battus à plusieurs reprises, & ne purent pas tenir plus long-temps la campagne. Il y a dans leur pays une très-haute montagne, appelée *Ecagry*, que la nature a rendue presque inaccessible, & qui est regardée comme une place imprenable. C'est là que se réfugièrent les *Mahées*, avec les débris épars de leur armée. Les *Dahomans* pillèrent & ravagèrent tout le pays sans y trouver d'opposition ; & ayant imposé aux vaincus les conditions qu'ils voulurent, *Agaou* fit camper son armée & investit *Isoagry* : il ne manquoit qu'une chose à son camp ; c'étoit la facilité de le quitter ou d'en sortir quand l'occasion l'exigeroit, aussi aisément qu'il étoit difficile d'y pénétrer. Il y eut plusieurs escarmouches entre les assiégés & les assiégeans. Les uns faisoient des sorties fréquentes, les autres essayoient souvent de se faire, par la force, une route vers le sommet de la montagne. Les *Mahées* plantèrent du blé, & ne manquèrent jamais d'eau, & furent par-là en état de se maintenir long-temps sur le *Boagry*.

Il y avoit près d'un an qu'*Agaou* tenoit ce lieu investi, sans avoir pu encore s'avancer beaucoup sur cette montagne, lorsque le roi, craignant pour l'honneur de ses armes, envoya à son général tout le secours qu'il put se procurer à la fois, & lui ordonna de hasarder tout pour la réduction de *Boagry*, telle que pût être la perte d'hommes qu'on pût faire dans un assaut général. *Agaou* étant alors parfaitement instruit de toutes les routes praticables de la montagne, conduisit ses troupes à cette entreprise dangereuse, résolu de vaincre ou de périr. Il attaqua en effet cette place dans tous les endroits qui en étoient accessibles. Les *Mahées* firent une résistance opiniâtre, & tuèrent un nombre immense de leurs ennemis : mais enfin la bravoure des *Dahomans* & la supériorité de leur nombre surmontèrent tous les obstacles ; ils chassèrent les *Mahées* de leurs retranchemens, & s'emparèrent du sommet du *Boagry*. Il y eut un carnage affreux, car la fuite n'étoit pas possible : les malheureux qui échappèrent au fil de l'épée, furent emmenés captifs en triomphe à

Abomé, où les plus distingués furent mis à mort, & les autres vendus en esclavage.

Le roi étoit alors en querelle très-vive avec les anciens habitans de *Juda* & les *Popoes*; il avoit besoin de toutes ses troupes pour renforcer l'armée qu'il avoit dans ce quartier, c'est pourquoi il se désista de poursuivre plus long-temps ses hostilités contre les *Mahées*, & consentit même à faire une trêve avec eux; mais comme elle fut mal observée des deux côtés, elle ne fut pas de longue durée. Les *Mahées*, quoique défaits, étoient encore loin d'être subjugués; ceux qui s'étoient sauvés après l'affaire malheureuse de *Boagry*, retournèrent dans leur pays, & y furent encore des ennemis formidables, d'autant plus même que les *Dahomans* étoient alors affoiblis par vingt années de guerre nullement profitables.

Les hostilités se renouvelèrent, & continuèrent donc comme auparavant, n'ayant d'autre effet que de ruiner les deux états, sans produire rien de décisif. *Ahadée* ne put jamais parvenir à donner un roi aux Mahées, qui ne voulurent jamais s'humilier au point d'en accepter un. Ils résolurent au contraire de se venger de l'affront qu'ils avoient reçu à *Boagry*, en s'emparant de *Dahomé*. Ils pénétrèrent en effet dans une petite forêt qui sépare *Dahomé* d'*Ardra*, afin d'intercepter par-là tous les secours qui pourroient venir d'*Ardra* ou de *Juda* aux *Dahomans*. Mais la division s'étant mise dans leurs conseils (inconvénient auquel les républiques sont généralement exposées), ils se retirerent encore sans rien faire qui fût digne de la hardiesse & de la sagesse de cette entreprise.

En 1764, l'avantage parut être du côté des *Dahomans*, qui alors mirent le siége pour la seconde fois devant *Boagry*, mais n'eurent pas assez de forces pour s'en rendre maîtres. Cependant plusieurs des fils d'*Ahadée* étoient dans son armée, afin d'animer par leur présence les soldats ; *Jupera* même, le plus aimé de tous, y étoit ; son père l'avoit confié aux soins de l'*Agaou*, pour l'instruire & le former dans l'art de la guerre. Il y avoit à peu près un an que ce général étoit campé autour de *Boagry*, lorsque le roi, impatient de ce délai, l'accusa de poltronerie, & envoya le *Maybou* pour commander à sa place, avec ordre de procéder immédiatement à un assaut. Quand l'*Agaou* se vit supplanté & disgracié, il jugea qu'il étoit temps de pourvoir à sa sûreté personnelle, sachant combien le roi étoit implacable dans son ressentiment. Ayant en sa puissance *Jupera*, l'héritier présomptif du royaume, il lui eût été facile de prendre une vengeance cruelle de l'ingratitude de son maître; mais il eut la générosité de le remettre aux soins de *Maybou*, & se retira secretement chez les Mahées, qui le reçurent & le mirent sous leur protection.

Maybou fit une tentative inutile pour s'emparer de la montagne; il fut repoussé avec perte & obligé de lever le siége: il retourna à Dahomé avec son armée; &, pour comble de malheur, *Jupera* mourut en route. *Ahadée*, trompé dans ses projets, & incapable en effet de les suivre plus loin, ne tenta plus aucune expédition de conséquence contre les *Mahées*; & la personne en faveur de laquelle il avoit fait toutes ces tentatives infructueuses étant morte quelques années après, les deux partis, également las de se faire la guerre, firent, en 1772, un traité de paix qui dure encore.

CHAPITRE IV.

PENDANT la durée de la guerre contre les *Mahées*, les *Dahomans* avoient trop d'occupation d'un autre côté, pour avoir seulement la liberté de respirer de leurs travaux. Les anciens naturels de *Juda*, renforcés par les *Popoes*, ne leur laissèrent pas un moment de repos. Cette guerre fut encore plus ruineuse, s'il est possible, que celle des *Mahées*. Les *Dahomans* furent presque toujours obligés de se tenir sur la défensive; & lors même qu'ils parvenoient à mettre l'ennemi en déroute, ils ne retiroient que bien peu d'avantages de leur victoire; car leur pays, environné de marais & de petites montagnes, est si bien défendu par la nature, qu'il étoit presque impossible de les poursuivre. Mais il est nécessaire de faire connoître les motifs de cette guerre.

Lorsque *Trudo*, roi de *Dahomé*, eut subjugué Ardra & Torée, il fit marcher en 1727 son armée victorieuse contre les naturels de *Juda*, qui fuirent honteusement devant lui, & qui, sans faire aucune résistance, ou tenter même le sort d'une bataille, laissèrent leur pays en proie au conquérant. Plusieurs furent faits prisonniers & vendus en esclavage, quelques-uns se rendirent à la merci du vainqueur, & furent admis au nombre de ses vassaux; mais la plupart s'enfuirent de leur pays, & se réfugièrent chez leurs voisins les *Popoes*, dont le pays est frontière de *Juda* du côté de l'ouest, & s'y établirent dans un pays bas & marécageux, environné d'eaux stagnantes, & entrecoupé de plusieurs branches de rivières, qui forment une multitude d'îles, dans lesquels ils firent leur résidence. Ces réfugiés, assistés des *Popoes*, avec lesquels ils s'étoient incorporés, & ne formoient plus qu'une même nation, conservèrent une haîne invétérée contre les *Dahomans*, & tourmentés par le désir de ravoir leur patrie, ne manquèrent jamais une occasion de les harrasser. Le voisinage où ils étoient de *Juda*, la facilité avec laquelle ils transportoient leurs troupes dans des canots à deux milles de *Griwy* qui en est la capitale; la situation embarrassante des affaires du roi, dont le royaume étoit désolé par les incursions fréquentes des *Eyoes*, & dont toutes les forces étoient le reste du temps employées contre les *Mahées*, laissant alors les frontieres sans défense, tout cela leur donnoit bien des occasions de commettre avec avantage beaucoup d'hostilités. Ils s'emparèrent souvent de la côte de *Juda*, dont ils interrompirent le commerce, & sur laquelle se trouvèrent alors plusieurs vaisseaux qui en souffrirent beaucoup. Les Européens, que des circonstances passagères ou des établissemens plus durables firent trouver sur cette côte, devinrent leur proie : quelquefois ils firent des incursions jusqu'à *Griwy*, où les Anglois, les François, & les Portugais ont chacun un fort. S'il arrivoit qu'ils fussent attaqués par une force supérieure, ils s'enfuyoient précipitamment dans leurs canots, & échappoient ainsi aux poursuites; car les *Dahomans* ne savoient point se battre sur mer, & ne connoissoient nullement l'art de gouverner les canots. Il se présenta, en 1741, une occasion qui, si on en avoit su profiter, auroit pu terminer les différens à la satisfaction du roi & à l'avantage de son pays; mais, entraîné par son mauvais génie, il la négligea, & ne fit qu'irriter encore plus les naturels de *Juda*.

Ces peuples, dans leur exil, adhéroient encore au système de leur ancien gouvernement, & continuèrent à reconnoître un roi pour leur chef : mais il étoit nécessaire qu'à l'avénement d'un autre monarque, il fût inauguré à *Xavier*, qui avoit été le lieu de la résidence de ses ancêtres, & la capitale du royaume de *Juda*, avant sa conquête. Il falloit encore, pour célébrer cette cérémonie, obtenir la permission d'*Ahadée*, qui en retiroit un avantage, en exigeant un présent pour accorder la liberté d'y aller. Comme on étoit obligé, dans ces circonstances, de faire une trève d'hostilités, il ne négligea pas néanmoins de tourner encore la chose à compte, toute les fois qu'il le pouvoit, en faisant semer la division parmi eux par ses agens, dans l'espoir d'en retirer de nouveaux avantages.

Devenir roi de *Juda*, même dans l'état de rabaissement où étoit ce royaume, étoit encore un projet flatteur; & le frère de l'héritier légitime fut ambitieux de ce rang à la mort de son père, qui arriva à peu près dans le même temps. Si *Ahadée* ne suggéra pas ce dessein, du moins il l'encouragea, dans l'intention de diviser les naturels de *Juda* ; il lui promit du secours, & l'autre, en retour, s'engagea secretement, à devenir son tributaire & son alié, & de lui payer une somme considérable, s'il parvenoit à monter sur le trône. Ce scélérat (comptant sur la protection d'*Ahadée*), pendant qu'on apprêtoit la cérémonie à *Xavier* pour revêtir son frère de l'autorité royale, eut l'audace de l'y assassiner, & l'adresse de se faire nommer roi à sa place; il mit le comble à cet horrible forfait, en dévorant le cœur de son malheureux frère. Cet acte atroce de barbarie fut la preuve qu'*Ahadée* avoit exigée d'un dévouement illimité à ses commandemens.

Quoiqu'un attentat aussi horrible, & les engagemens que l'usurpateur avoit pris avec *Ahadée*, eussent dû être tenus secrets, cependant ils ne laissèrent pas que de parvenir à la connoissance des naturels de *Juda* ; plusieurs d'entre eux soupçonnèrent ce qui s'étoit passé, & un grand nombre, au lieu de revenir de *Xavier*, pour vivre sous un tel roi, restèrent dans le pays & s'établirent à *Griwy*, sous la protection du fort que les Portugais y ont, & dont le seigneur *Jean Basile*, homme d'un caractère doux & engageant, étoit alors gouverneur. Ces peuples conservèrent une correspondance avec leurs compatriotes, & leur faisant des rapports favorables de la conduite du gouverneur & de leur propre situation, plusieurs anciens habitans de *Juda* prirent le parti de venir s'établir dans ce pays, pour éviter les horreurs d'une guerre civile qui désoloit leur pays. Cinq ou six cents personnes vinrent fixer paisiblement leur résidence de cette manière ; & si l'on eût su encourager à propos cette disposition, il n'est pas douteux qu'un plus grand nombre encore auroit suivi cet exemple : mais *Ahadée*, sans attendre une évé-nement aussi désirable, qui auroit pu lui procurer un grand surcroît de sujets utiles & précieux, se détermina cruellement à tomber sur ces malheureux & les vendit en esclavage. Pour faciliter son dessein, le roi invita le *seigneur Basile* à venir à *Abomé*, sous prétexte d'affaires ; mais, dans le fait, pour tâcher de l'avoir en sa puissance. Le gouverneur se mit en route, & ayant rencontré *l'Agaou* à la tête d'une armée, marchant directement vers *Juda*, il fut arrêté par ordre du roi, & on lui signifia que le seul moyen de ravoir sa liberté étoit de lui délivrer tous les naturels de *Juda* qui s'étoient mis sous sa protection. Le gouverneur avoit engagé sa foi & son honneur à ces peuples ; & rejetant avec mépris ces propositions, il fut retenu prisonnier par le général, qui continua sa marche vers *Griwy*, & campa à *Gonnegi*, plaine située entre cette ville & la riviere, afin d'empêcher par cette position que les naturels de *Juda* eussent la facilité de se retirer dans leur ancien pays. *L'Agaou*, voyant que le gouverneur étoit déterminé à ne pas trahir ses protégés, offrit de recevoir une certaine quantité de marchandises pour sa rançon : ces propositions furent acceptées, & les marchandises délivrées ; mais il survint de nouveaux prétextes pour retenir encore le gouverneur, & pour faire de nouvelles demandes. Il consentit encore à payer ce qu'on exigeoit de plus, & envoya un ordre pour qu'on délivrât d'autres marchandises. Mais un negre, l'un de ses principaux serviteurs, auquel il avoit laissé la garde du fort, s'aperçut qu'on trompoit son maître, & refusa d'envoyer encore des marchandises. Il fit part de ses soupçons aux naturels de *Juda*, qui, ne trouvant aucun moyen possible d'échapper, résolurent de se défendre jusqu'à la dernière extrémité. Ils se retirèrent dans le fort, & se préparèrent à se défendre de leur mieux, & à vendre du moins bien cher leur vie, au cas que la force l'emportât sur eux. *Agaou* resta tranquille dans son camp à *Gonnegy* pendant environ quinze jours, attendant peut-être de nouveaux ordres du roi, & se détermina ensuite à attaquer le fort. Cette place étoit environnée d'une muraille & d'un fossé profond, avec une trentaine de canons. L'*Agaou* n'avoit pas d'artillerie ; cependant le 1er. novembre 1741, à la pointe du jour, il mena ses troupes à l'assaut, & attaqua le fort de toute part ; les assiégés ne furent pas moins courageux à se défendre, & firent un carnage prodigieux avec leurs canons : les *Dahomans*, avec cette bravoure qui les anime dans toutes les occasions, rétablissoient leurs rangs par de nouveaux soldats, à proportion que les autres périssoient, & poursuivirent ainsi l'attaque. Vers midi, une certaine quantité de poudre qui étoit dans un des bastions prit feu, & la flamme gagnant les bâtimens de toits en toits (qui étoient de chaume), fit des ravages terribles. Cet accident jeta les afliégés dans la plus grande confusion, & le comble fut mis au défastre par l'explosion du magasin dont la destruction entraîna celle de presque tous les individus qui étoient dans le fort. Il ne fut pas difficile alors aux *Dahomans* d'entrer dans les embrasures ; ils y pénétrèrent en effet presque sans opposition, & passèrent tout ce qu'ils rencontrèrent au fil de l'épée. Le fidèle serviteur du gouverneur qui avoit commandé les afliégeans, voyant que tout étoit perdu, ouvrit les portes du fort, & prenant un baril de poudre sous son bras, & de l'autre main saisissant une mêche allumée, courut, plein de rage & de désespoir, vers le lieu où étoit *Agaou* ; & s'approchant de lui autant qu'il lui fut possible, afin de lui faire partager son sort peu mérité, mit le feu au baril, & se dévoua avec le courage le plus héroïque. Celui qui commandoit en second fut pris en vie & mené à *Calmina*, où on le fit rôtir à petit feu. *Ahadée* rebâtit ensuite le fort des Portugais, & désavoua la conduite de son *Agaou* ; il nia qu'il lui eût jamais donné ordre de se conduire comme il l'avoit fait ; mais quoiqu'il cherchât à jeter sur son général tout l'odieux de cette affaire, perfonne n'en fut la dupe, & ne prétendit disculper *Ahadée* d'être l'auteur du projet & de l'exécution de cette infamie.

Agaou revenoit de cette expédition, lorsqu'il reçut ordre du roi d'aller châtier les naturels de *Jacquin*, pays qui est absolument frontière de Juda du côté de l'est. C'étoit jadis une place importante, & les Hollandois y avoient autrefois un établissement. Elle fut conquise par *Trudo* & annexée à ses autres états; mais les habitans, profitant de l'état embarrassant des affaires du roi, avoient négligé pendant quelque temps de payer le tribut qui leur avoit été imposé. Ce pays, ainsi que celui des *Popoes*, environné de marais & d'eaux stagnantes, étoit de difficile accès; & les *Dahomans* ne connoissoient pas assez les environs, pour être en état d'y faire quelque incursion; mais il arriva dans ce temps-là qu'une femme assez distinguée, appartenant à un chef des *Jacquins*, se rendit coupable de quelque galanterie, & craignant le châtiment de son infidélité, elle s'enfuit à *Dahomé*, où, sous la promesse de la protection du roi, elle s'engagea à conduire son armée au travers du sentier unique par lequel on pouvoit attaquer les *Jacquins* d'une manière sûre. *Agaou*, dirigé par cette femme, entra dans le pays sans qu'on s'y attendit, & extirpa toute cette nation, sans qu'il pût échapper un seul habitant de tout le pays (1); car ces pauvres gens, environnés de toutes parts par des marais profonds & impraticables, furent pris comme dans une trappe, & pas un ne put échapper.

CHAPITRE V.

Les naturels de *Judu* étoient trop dégoûtés de leur nouveau roi, pour souffrir qu'il régnât long-temps sur eux; il s'étoit en effet rendu si odieux, qu'il ne lui fut pas même possible de se former un parti pour soutenir ses prétentions; & n'étant pas en état de payer à *Ahadée* ce qu'il étoit convenu de lui donner à son avénement, il ne put obtenir aucun secours de ce côté-là. Il fut donc obligé d'abandonner un gouvernement acquis par tant d'atrocités, & de se retirer à *Dahomé*, où, après avoir mené une vie errante, & méprisé de tout le monde, il mourut misérablement de la lèpre qu'il avoit contractée à son

---

(1) Adanzou II a envoyé quelques familles en 1777 pour repeupler cet établissement.

retour

retour de *Xavier*, & que les *Dahomans* attribuèrent à l'horrible repas qu'il y avoit fait, lorsqu'il y avoit mangé le cœur de son propre frère.

Tout ce qui se passa ensuite ne servit qu'à aigrir davantage les exilés de *Juda* contre *Ahadée*, & les hostilités se renouvelèrent avec plus de fureur que jamais. En 1743, ils agrandirent le plan de leurs opérations, & semblèrent lui disputer la possession de *Juda*. Les *Popoes* & tous leurs autres amis se réunirent pour leur donner du secours, & ils attaquèrent le pays de *Juda* avec une armée puissante. Leurs desseins n'avoient pas été secrets, mais il étoit hors du pouvoir du roi de les prévenir. *Dahomé* fut en même temps assailli par les *Eyos* ou *Yaos*, & tout étoit en confusion; l'*Agaou* étoit très-loin avec l'armée, faisant la guerre aux *Mahées*; & *Juda*, presque sans défense, étoit démuni en effet de tout secours militaire : cependant le *Caukaou* (1) fit tout ce que l'on devoit attendre d'un brave & généreux soldat. Il leva promptement une petite armée; *Eubiga*, le vice-roi, rassembla tout ce qui se trouva dans la ville en état de porter les armes, & se réunit à lui; les *Cabocheurs* (2) de *Xavier* & tous leurs vassaux augmentèrent ses forces : mais mal-

_____
(1) Nom de l'officier qui commande à *Juda*.
(2) Nom des chefs des villages.

D

gré tous ses efforts, *Caukaou* étoit encore inférieur à l'ennemi. Cependant il ne se laissa point intimider; il connoissoit son cœur, & comptoit sur la bravoure de ses soldats. La crainte n'entra jamais dans l'ame d'un *Dahoman*, il ne connut jamais la poltronnerie; il marcha fièrement à l'ennemi, & le rencontra à environ un mille à l'ouest du fort des *François*. Les généraux des deux partis firent chacun à leurs soldats le discours le plus propre à les encourager; chacun déclara à sa troupe la résolution qu'il avoit prise, l'un de conquérir, l'autre de défendre le pays de *Juda*. Ils burent ensemble, & *Caukaou* vida un verre à la santé du roi & au succès de ses armes. Il souhaita ensuite de ne point survivre à cette journée, au cas où elle ne seroit pas heureuse, mais de périr plutôt comme le verre dans lequel il venoit de boire, & qu'il brisa en morceaux en le jetant avec force contre terre. Le signal fut donné, & l'on combattit avec acharnement. Tout ce qu'une adresse brutale & un courage féroce peuvent suggérer, fut effectué des deux côtés; enfin *Caukaou* fut tué à la tête de ses troupes, après avoir fait & reçu des blessures sans nombre, & s'être distingué par toutes les qualités d'un bon général & d'un brave soldat. Les premiers en rang sont toujours les plus en danger. *Eubiga*,

& presque tous les capitaines de son parti subirent le même sort. Les *Dahomans*, privés de leurs chefs, n'ayant plus personne pour les conduire, & accablés par le nombre, furent entièrement mis en déroute.

Le jour suivant l'ennemi pilla *Griwy* sans opposition, & l'incendia. Les habitans s'enfuirent du pays, & laissèrent les naturels de Juda paisibles possesseurs de leur patrie. Ils sommèrent les forts de se rendre, ou du moins de reconnoître leur nouveau gouvernement: mais les gouverneurs continuèrent à rester attachés au roi, & refusèrent d'accéder aux propositions qui leur furent faites par ses ennemis. Les anciens naturels de *Juda* revinrent en foule avec leurs familles dans le pays, & bâtirent une nouvelle ville dans la plaine de *Gommegy*, qui est entre *Griwy* & la rivière, justemement au delà de la portée des canons des forts. Trois longs mois s'écoulèrent depuis la bataille qui avoit été si funeste aux affaires du roi, avant qu'il eût pu recevoir aucune nouvelle des gouverneurs des forts, qui commençoient à éprouver une si grande disette de vivres, que, sans doute, ils n'auroient pu faire bientôt autrement que d'entrer en accommodement avec les habitans de *Juda*, lorsqu'il arriva un message secret de la part du roi, qui les assuroit qu'ils pouvoient compter sur un secours très-prochain, & les supplioit de persévérer encore quelque jours dans son parti. Ce courrier, après s'être acquitté de son message, sut également éluder la vigilance des naturels, pour s'en retourner aussi secretement qu'il étoit venu. *Ahadée*, voyant que les forts étoient toujours dans ses intérêts, ne perdit point l'espoir de rentrer dans la possession qui venoit de lui échapper, & mit toute l'activité possible à faire toutes les provisions & les préparatifs nécessaires. Il rappela *Agaou* du pays des *Mahées*, & aussi-tôt que les *Eyoes* lui en donnerent la liberté, en retournant dans leur pays, il rassembla tous les *Dahomans*, & fit monter au nombre de cinquante mille hommes l'armée de son général. Cette armée formidable se rendit à Juda dix jours après que le messager y étoit allé. Comme les naturels ne s'y attendoient pas, ils ne se tinrent point préparés à la recevoir. Ils furent attaqués, défaits, & chassés du pays; ce qui assura de nouveau au roi la possession du royaume de Juda.

Cessons, pour le moment, de les suivre dans leurs hostilités ultérieures, & racontons ce qui se passa de plus intéressant dans l'ordre chronologique de ce temps-là.

CHAPITRE VI.

AHADÉE ayant recouvré le royaume de Juda par cet événement heureux, nomma pour viceroi, ou *Eubiga*, un sujet appelé *Tauga*, à la place du prédécesseur, qui avoit péri avec *Caukaou* dans la dernière bataille sanglante livrée aux naturels de Juda. Ce *Tauga* étoit un homme dont les passions étoient violentes, rempli de vanité, de fierté, & d'ambition. Il avoit un cortège nombreux de domestiques & de courtisans qu'il avoit attachés à sa personne par ses libéralités, & à ses intérêts, en les protégeant dans leurs bassesses, & en les sauvant des poursuites de la justice, en défi de l'autorité du roi. Ses vexations l'avoient rendu odieux dans les garnisons & dans les forts; mais son grand crédit & ses richesses ne laissoient pas que de donner beaucoup d'inquiétude au roi, qui néanmoins ne voulut pas l'attaquer ouvertement, mais préféra attendre une occasion favorable pour se saisir de sa personne, soit par surprise ou par stratagême. Tandis qu'*Ahadée* attendoit le moment propre à accomplir son dessein, *Tauga*, de son côté, ne méditoit rien moins que de s'emparer, lui seul, du royaume de *Juda*; projet hardi, & qu'aucun motif plausible ne pouvoit justifier; car étant eunuque dès l'enfance, il n'avoit point d'enfant à qui il pût laisser l'autorité royale. Le poste auquel il étoit déjà élevé étoit fort honorable, & son opulence étoit si considérable, qu'il étoit à même de pouvoir satisfaire à tous ses désirs, excepté à ceux d'une ambition insatiable. Son projet étoit de s'emparer du fort des *Anglois*, & ensuite de se faire déclarer roi. C'eût été sans doute un moyen puissant pour parvenir à ses fins, que d'avoir le commandement de quelqu'un des forts; mais il préféra le premier parti, d'après l'opinion qui règne dans ce pays, qu'un fort est imprenable. Le lieu où est situé le fort *Wiliams* (1) étoit consacré à des coutumes religieuses & à l'exercice des cérémonies sacrées : les divinités qu'on y adoroit autrefois, sont encore supposées le protéger & le défendre; & par condescendance pour la superstition des naturels, les gouverneurs leur ont cédé une maison dans l'intérieur des murs du fort, pour y venir rendre leurs hommages à *Nab-*

---

(1) C'est ainsi qu'on appelle le fort que les Anglois ont sur la côte de *Juda*.

bakou, le dieu tutélaire de l'endroit. Le bonheur a voulu que ce fort échappât à ces calamités éprouvées par les autres places ; circonstance d'autant plus extraordinaire, que le roi de Juda, en s'enfuyant de Xavier, lors de l'invasion que les Dahomans firent de ce Royaume, alla s'y réfugier, & y jouit d'une retraite assurée jusqu'à ce qu'il eût trouvé une occasion pour sortir du pays sans danger. Il semble qu'il n'en falloit pas davantage pour attirer sur cette place toute la vengeance des Dahomans ; cependant ils ne parurent pas en avoir aucun ressentiment, quoiqu'ils pillassent dans le même temps le fort des François, & ensuite celui des Portugais, ainsi que nous l'avons déjà dit : mais le fort des Anglois n'ayant pas éprouvé un semblable désastre, gagna beaucoup dans l'opinion des naturels ; & *Tauga* regarda cette conquête comme étant d'une plus grande importance pour ses desseins que toutes les autres.

Lorsque *Tauga* crut qu'il étoit temps de mettre son dessein à exécution, il tenta, au mois d'août 1745, de surprendre le fort *Wiliams* ou *Saint-Guillaume*, de la manière suivante. Sous prétexte de faire une visite publique aux habitans des differens forts, il donna ordre à un certain nombre de ses gens d'être prêts à le suivre.

Lorsque le vice-roi fait la visite des forts, il est dans l'usage de se faire accompagner par quatre ou cinq cents hommes, sous les armes, sans compter les musiciens, les porte-drapeaux, les porte-parasols, & autres personnes employées autour de sa personne, & qui montent peut-être encore à plus de cent. Dans la circonstance dont il s'agit, *Tauga* prit pour sa suite tout ce qu'il avoit de mieux parmi ses gens, & ceux sur lesquels il pouvoit le plus compter, comme les plus dévoués à sa personne & à ses ordres. Il espéroit qu'en les introduisant ainsi, selon l'usage, dans le fort, & n'inspirant aucun soupçon, il lui seroit facile de s'en rendre maître. Avant de partir de chez lui, il distribua de la munition à toute sa troupe, & lui ordonna de charger leurs mousquets, ce qui ne laissa pas que de paroître étrange à ceux qui n'étoient pas informés de ses intentions secretes. L'interprète anglois, qui se trouva là par hasard, frappé de cette circonstance, s'échappa secretement, & alla rapporter à M. *Gregory*, le gouverneur anglois, ce qu'il venoit de voir. Les informations que fit faire M. Grégory, confirmèrent ses soupçons; il en fit usage en pourvoyant à la sûreté du fort, pendant que *Tauga* faisoit sa visite au gouverneur françois. Il fit charger ses canons & fermer les portes avant que le vice-roi fût arrivé; & quand il vint, il refufa de le laiffer entrer dans le fort, à moins qu'il ne renvoyât les gens de fa fuite. *Tauga* refufa de fe foumettre à cette condition, & protefta contre une pareille exception, comme une infulte fans exemple & une indignité à laquelle il n'étoit pas fait pour fe foumettre. Il menaça, fit tous les fermens poffibles, mais inutilement; le gouverneur ne voulut point fe départir de fa réfolution, & *Tauga*, ne trouvant aucun moyen d'introduire fes bandits dans le fort, s'en retourna chez lui, très-chagrin d'un pareil défapointement.

Craignant, d'après la précaution extraordinaire du gouverneur, que fes deffeins ne fuffent découverts, il commença par fe fortifier dans fa maifon. *Ahadée*, en apprenant la nouvelle de ce qui s'étoit paffé, le déclara traître à fon roi, & mit fa tête à prix; on envoya quelques troupes pour l'attaquer, mais il leur livra bataille, & les défit: cependant, comme le roi continua d'envoyer des renforts, il fut affiégé dans fa maifon, d'où il fit de fréquentes forties, & quelquefois avec avantage; mais fes forces diminuoient chaque jour, par la perte que lui caufoient les efcarmouches, & il ne vit plus de reffources pour fe fauver. Dans fa détreffe, il confulta fes prêtres, qui, après quelques cérémonies superstitieuses, lui dirent que tout son salut dépendoit de pouvoir s'introduire dans le fort des Anglois. C'étoit une chose difficile à exécuter ; il étoit étroitement assiégé par les troupes du roi, & n'étoit pas bien avec le gouverneur, qui, outre l'aversion que lui avoit inspirée sa révolte, n'avoit pas oublié l'insulte qu'il en avoit reçue il y avoit quelques mois. Étant allé à *Abomé* avec les autres gouverneurs, pour se plaindre au roi de la conduite oppressive du vice-roi, *Tauga*, instruit de leurs intentions, alla à leur rencontre sur la route *d'Ardra*, & se saisit de leur personne ; après les avoir retenus prisonniers pendant quelques jours dans une étable, pêle-mêle avec ses chevaux, il les ramena avec lui à *Juda*, très-humiliés & privés de tout moyen d'avoir accès auprès du roi. Dans cette circonstance, le seul parti que lui indiquoient ses prêtres (& qu'ils ne lui avoient probablement conseillé qu'en en sentant toute la difficulté), paroissoit presque impossible ; mais ses affaires étoient désespérées, & il falloit tenter un moyen quelconque de se tirer d'embarras. Il harangua ses amis, implora leur secours, & leur distribua tous ses trésors ; ses soies, ses coraux, son or, tout fut prodigué sans réserve pour les animer à le sauver : ses femmes (car quoiqu'ennuque il avoit un sérail qui en renfermoit plusieurs centaines) se joignirent à ses prières, & il parvint enfin à inspirer à ses partisans une émulation, un attachement, & une résolution dignes d'un meilleur emploi ; ils ne voulurent point le sacrifier à leur propre sûreté, qu'ils étoient sûrs d'obtenir en le livrant à ses ennemis. Ils résolurent de se faire un chemin à travers les troupes du roi, de conduire leur maître au fort des anglois, & là de le recommander à la générosité du gouverneur. Ce parti étant adopté, les femmes, craignant un revers de fortune, & désespérant de trouver encore un maître aussi indulgent, s'entretuèrent toutes ; les plus âgées égorgèrent les plus jeunes, & se poignardèrent ensuite. Ce triste office une fois achevé, & le feu ayant été mis à la maison, afin de détruire le reste des effets, & qu'ils ne pussent pas tomber entre les mains du roi, *Tauga* & son parti sortirent avec ce qu'il fut possible d'emporter de ses trésors, & s'étant fait jour en effet au travers des troupes du roi, dirigèrent leur marche vers le fort des Anglois, d'où l'on fit feu sur eux, à mesure qu'ils approchoient. Comme *Tauga* se retiroit dans le jardin, il reçut une balle qui mit fin à sa vie & à son ambition. Originairement & dans sa jeunesse captif & esclave, il avoit eu l'adresse de gagner l'amitié d'*Ahadée* qui l'éleva aux premiers honneurs ; mais son insolence, qui étoit insupportable, & son ingratitude envers son bienfaiteur, prouva combien il étoit peu digne des faveurs qu'il en reçut. En le voyant tomber, tous ses partisans se dispersèrent sur le champ ; quelques-uns réussirent à s'échapper hors du pays ; mais le plus grand nombre fut pris & puni comme il le méritoit.

L'attachement des femmes de *Tauga*, qui les porta à se donner la mort dans la crise désespérée de ses affaires, paroîtra peut-être romanesque, sinon incroyable : mais pour en rendre raison, il est nécessaire d'observer que *Tauga* ne gardoit pas ses femmes avec cette sévérité & cette jalousie générale & d'usage dans cette partie du monde. Son sérail n'étoit qu'un superflu nécessaire à la splendeur & à la pompe de son rang, & il avoit la générosité de permettre aux hommes de sa suite de partager avec ses femmes des plaisirs auxquels il ne pouvoit pas prétendre. Un exemple de complaisance aussi rare lui avoit concilié l'affection la plus sincère de tous ceux qui le servoient. Tous les jeunes gens qui étoient dans son département étoient jaloux de servir *Tauga* : il n'étoit pas regardé comme le geolier sévère de son sérail, ni comme l'usurpateur tyrannique du cœur de ses femmes, mais comme le protecteur & l'arbitre généreux de leurs plaisirs les plus doux. Ses femmes ne pouvoient qu'être charmées de jouir d'une liberté qui ne régnoit dans aucun autre sérail, & ne voulurent pas survivre à une félicité qui devoit se terminer avec l'existence de leur maître & de leurs amans, dont la ruine étoit inévitable.

CHAPITRE VII.

Tauga & ses partisans méritèrent assez le sort qu'ils éprouvèrent ; & si *Ahadée* avoit su borner les effets de sa vengeance à ceux qui l'encouroient justement, on eût eu moins à reprocher à son caractère ; mais les motifs de son ressentiment furent rarement bien fondés, tant la disposition de ses sujets à se soumettre aveuglément à ses volontés & à applaudir à ses actions, étoit générale ; mais durant tout le cours de son règne, la sûreté de chaque individu étoit précaire en proportion de son mérite ou de ses richesses : non content d'être l'héritier universel des effets & de tout ce qui pouvoit appartenir à ses sujets quand ils mouroient, il faisoit vendre en esclavage une foule d'innocens pour subvenir à ses dépenses extravagantes ; & quoique ces vexations se répétassent selon son bon plaisir & au gré de ses fantaisies, cependant telle étoit la soumission & l'attachement de ces peuples à leur roi, que personne n'osoit même se plaindre. Il concevoit souvent des soupçons si déraisonnables, que ceux qui le servoient avec le plus de fidélité, & qui s'étoient distingués par leurs exploits & leurs succès, finissoient presque toujours par devenir les objets de sa jalousie & de sa haine. De ce nombre fut *Shampo* qui se signala dans plusieurs occasions, & obtint un poste éminent dans l'armée : il étoit tendrement aimé de tous les soldats, & toutes les bouches s'empressoient à le louer. Tant de mérite ne pouvoit pas manquer d'exciter l'envie du tyran ; aussi *Ahadée* prit-il la résolution de le faire périr. *Shampo* avoit une sœur dans la maison du roi, qui trouva le moyen d'être instruite du coup fatal dont son frère étoit menacé : il ne lui étoit pas possible d'avoir d'entrevue avec lui, car il est défendu aux femmes du roi de parler à aucun homme; mais comme elle avoit la liberté de lui envoyer des provisions pour sa table, elle cacha, parmi l'envoi qu'elle lui fit, un couteau & une corde avec un nœud coulant à l'extrêmité. Son frère n'eut pas de peine à saisir l'allégorie, & comprit parfaitement qu'il étoit condamné à périr, soit par le lacet, soit par le fer. Il sauva ses jours par une fuite précipitée, & fut suivi d'une partie considérable de l'armée dans le pays des *Popoes*, où il fut reçu d'une manière conforme à son mérite. Ces peuples lui donnèrent aussi-tôt le commandement de leur armée, qu'il garda jusqu'au jour de sa mort, qui arriva en 1767, après avoir porté jusqu'à son dernier soupir la haîne la plus implacable contre l'ingrat *Ahadée*.

Ce même *Agaou* qui avoit attaqué avec tant de bravoure le fort des Portugais, qui avoit recouvré le royaume de Juda, qui s'étoit emparé de la montage de *Boagry*; ce même *Agaou* qui avoit en quelque sorte relevé la gloire de la nation, & qui avoit possédé autrefois à un si haut point l'estime du roi, qu'après lui avoir prodigué les faveurs les plus grandes, il voulut que tout l'univers fût témoin de la manière dont il honoroit son favori *Agaou*, & lui donna en effet la permission de bâtir une *maison à trois étages d'élévation*, faveur que cependant la modestie du général lui fit refuser; cet *Agaou* enfin qui l'avoit servi avec tant de zèle, & avoit exécuté ses ordres avec tant de succès, fut moins heureux, & devint la victime de sa cruauté.

Les *Dahomans* sont tombés dans un état d'esclavage si avilissant, qu'ils n'osent pas s'asseoir sur une chaise, parce que c'est un privilége qui n'appartient qu'aux blancs & à un très-petit nombre de noirs distingués parmi ceux à qui le roi, par grace spéciale, a accordé cette liberté ; c'est un crime puni de mort que d'avoir des portes de planches à sa maison, pour se défendre de l'intempérie des saisons, ainsi que de blanchir, pour plus de propreté, l'intérieur du lieu qu'on habite. Dans le *pays*, c'est une marque extraordinaire de distinction que d'obtenir la permission de bâtir une maison commode. Mais *Agaou* ne jouit pas long-temps des faveurs & de la bienveillance de son maître. Un jour il fut arrêté & mené devant le roi, qui l'accusa d'avoir le dessein de se retirer de ses états & de suivre le vil exemple de *Shampo* (qui avoit passé chez les *Popoës*), pour s'enfuir chez les *Mahées*. Rien n'étoit plus injuste qu'un pareil soupçon, & l'on rapporte qu'*Agaou*, avec une noble fermeté, lui fit cette réponse : « J'ai manifesté dans plusieurs occasions
» mon zèle pour votre service, & jamais je
» n'ai trouvé de marche fatigante, ni de com-
» bat hasardeux, quand il s'agissoit d'exécuter
» vos volontés ; mes actions, si souvent cou-
» ronnées par le succès, ont contribué à la
» richesse

» richesse & à la gloire de vos états. Quel est
» l'instant où j'ai pu mériter, par ma conduite,
» d'être exposé à une pareille accusation? Vous
» avez pour gages de la fidélité de votre es-
» clave, ma mère qui est courbée sous le poids
» des ans, mes femmes & mes enfans; tout ce
» que j'ai de plus cher est entre vos mains. Dans
» quel lieu & auprès de quel autre maître
» puis-je désirer d'aller? J'ai conduit vos armées
» & j'ai ravagé avec elles tout le pays qui nous
» environne. Pouvez-vous penser que j'aille me
» jeter dans les bras de ceux que mon nom
» fait trembler? que j'aille me réfugier chez
» des peuples dont j'ai causé la destruction, &
» que j'ai amenés captifs en triomphe à la porte
» de votre palais »? Le roi ne lui répondit
qu'en l'exhortant à s'avouer coupable & à s'en
rapporter à sa clémence royale? *Agaou* refusa
de convenir d'une fausseté, & fut sur le champ
condamné à la mort. Le bourreau chargé d'exécuter cet horrible devoir, quoiqu'endurci aux
exécutions de cette espèce, fut trop indigné
d'un pareil ordre pour se bien acquiter de son
emploi; quand il fallut décapiter un si brave
homme, le cimeterre obéit mal à la main trem-
blante qui voulut le frapper, & ne fit que mu-
tiler la malheureuse victime. On renvoya *Agaou*

en prison, où il fut étranglé. La famille de cet illustre général est si dégradée aujourd'hui, que son fils aîné a été trop heureux de trouver de l'emploi, comme domestique, dans mon comptoir.

CHAPITRE VIII.

Les naturels de *Juda*, secondés par les *Popoes*, & dirigés par les conseils habiles de *Shampo*, devinrent plus redoutables que jamais : ils allèrent à la côte de *Juda*, où ils interrompirent souvent le commerce. Les *Dahomans* ne furent pas toujours heureux dans leurs prétentions sur la côte de *Juda*, & souvent ils furent forcés de s'en retourner après des tentatives inutiles : ils avoient déjà perdu beaucoup de monde dans les escarmouches, lorsqu'enfin leurs prêtres découvrirent que leurs oracles leur avoient défendu d'attaquer sur la côte, mais avoient ordonné de ne pas les ménager entre la plaine de *Griwy* & la rivière ; & que le parti qui, le premier, traverseroit la rivière & commenceroit l'attaque, seroit infailliblement mis en déroute. Cette découverte arriva sans doute très à propos pour mettre leur honneur à l'abri, & les justifier de se soumettre à des injures que leur foiblesse ne leur permettoit pas de repousser.

Le roi prit enfin la résolution de faire un dernier effort pour contenir ces peuples : en effet, en 1753, quelque temps après la prise de *Bougry*, lorsqu'il eut fait, avec les *Mahées*, une trêve qui lui donna quelque relâche, il envoya contre eux une nombreuse armée. Les *Dahomans* avoient fait provision de canots, & s'emparèrent de ceux des ennemis : par ce moyen, ils parvinrent à pénétrer dans leur pays ; mais c'étoit une manière de faire la guerre qu'ils n'entendoient pas assez bien. *Shampo*, qui commandoit l'armée confédérée des *Judaïques* & des *Popoes*, fit semblant de fuir, pour encourager par-là les *Dahomans* à avancer : peu à peu ils s'égarèrent dans les marais & les rivières, & s'engagèrent dans des pays perdus, où les provisions commencèrent à leur manquer. Cependant ils ne laissèrent pas que d'aller hardiment en avant, espérant d'engager l'ennemi à quelque action décisive ; mais *Shampo* les trompa, & par l'adresse de ses manœuvres il parvint à les attirer dans le défilé étroit & plein de sable aride qui s'étend depuis *Volta* jusqu'à *Benin*, & qui n'a qu'un demi-mille de large entre la mer & la rivière qui coule parallelement à la côte l'espace d'environ deux cents milles. Ce fut là que les *Popoes* interceptèrent en effet toute sortie aux *Dahomans*, & firent feu sur eux tout à leur aise depuis leurs canots ; mais la plus grande partie mourut de faim. Ils étoient en si grand nombre (disent les *Popoes*, qui peut-être exagèrent), que les poissons de la rivière, aidés des bêtes & des oiseaux de proie, ne furent pas capables de les manger tous, & que leurs cadavres, en pourrissant, corrompirent l'air, & causèrent une peste dans tout le pays. Toute l'armée périt dans ce lieu, *à l'exception de vingt-quatre hommes* que *Shampo* renvoya à *Ahadée*, pour l'instruire du sort de leurs compagnons : quand ces vingt-quatre émissaires lui eurent fait ce triste récit, *Ahadée leur fit sur le champ trancher la tête*, en leur ordonnant d'aller apprendre aux mânes de leurs camarades combien il étoit mécontent de la manière dont ils s'étoient conduits dans cette guerre.

L'affaire un peu importante qui eut lieu ensuite, arriva en 1763, lorsque les anciens naturels de *Juda* & les *Popoes* reprirent à leur tour ce royaume : *Shampo* étoit trop vieux & trop infirme pour commander l'armée en personne ; mais son fils prit sa place, & fut accompagné de l'élite de la nation des *Popoes*. Ils s'avancèrent dans le pays sans rencontrer d'opposition; car le vieux *Honnou*, qui étoit alors *Eubiga* ou vice-roi, n'ofa pas hafarder une bataille, mais refta avec fes troupes dans *Griwy* pour défendre la ville. Les *Popoes* l'attaquèrent avant qu'il fût déterminé à engager le combat; il fut bleffé dès le commencement de l'action, & emporté hors du champ de bataille. Le commandement fut remis à un nommé *Baddely* qui fit une belle défenfe, mais qui fut obligé de céder à la fupériorité des forces de l'ennemi, & fe retira avec fes foldats vers le fort des François, dans l'efpoir d'être protégé par fes canons; mais il fut trompé dans fon attente : quoique de ce moment il fût queftion de l'honneur du roi & de la fûreté du pays, quoique l'ennemi eût commencé à mettre le feu aux faubourgs, les François ne firent feu fur lui qu'avec de la poudre. Cette neutralité, fi toutefois on peut nommer ainfi cette conduite, telle politique qu'elle fût, ne fut certainement pas très-généreufe; car fi la manière dont *Ahadée* traitoit ordinairement fes propres fujets mérita fouvent d'être blâmée, cependant les blancs n'eurent jamais rien à lui reprocher dans fa conduite envers eux. Il fut toujours refpectueux & généreux à l'excès à leur égard : dans toutes les difputes qui s'élevoient entre les François & fes fujets, c'étoit toujours en faveur des premiers.

qu'il faifoit pencher la balance, pour peu que l'apparence de juftice fût de leur côté; & la complaifance, la civilité, & les égards, avec lefquels ils font univerfellement reçus dans fes états, font dus encore en grande partie à l'exemple éclatant qu'il en a donné.

Les *Popoes*, encouragés par la conduite des François, avancèrent hardiment. *Baddely* & fes foldats furent obligés de prendre la fuite devant eux: les *Popoes*, quoiqu'ils n'euffent plus rien à craindre, & qu'ils fe préparaffent à brûler les quartiers du vice-roi, avoient à paffer, pour y aller, au devant du fort des Anglois, où M. *Goodfon*, le gouverneur, fe difpofoit à les bien recevoir, chofe à laquelle ils ne s'attendoient nullement: fon canon, chargé avec des balles de moufquet & de la mitraille, fit un grand ravage parmi eux, & les mit tous dans le plus grand défordre; ils ne pouvoient avancer, & furent encore quelque temps avant d'avoir la préfence d'efprit de chercher leur falut dans la fuite. Les *Dahomans* profitèrent de cette circonftance pour fe rallier, & reçurent très à propos un renfort confidérable: les *Popoes* les avoient pris en défavantage, & comme c'étoit la faifon où l'on sème, le vice-roi avoit permis à la moitié de fes foldats d'aller paffer la matinée dans leurs plantations: ils étoient alors de retour, & *Baddely* les conduisit à la poursuite des fuyards, dont il n'y eut jamais une défaite plus complète. De trente-deux officiers généraux, distingués par de larges parasols portés au dessus de leurs têtes, trente furent tués sur la place. *Affurey*, le fils de *Shampo*, eut le bonheur d'échapper au carnage; mais succombant au chagrin & la honte, il s'assit sous un arbre, & se brûla la cervelle; un seul chef lui survécut, pour ramener les restes dispersés de l'armée. Le roi avoit bien envoyé son *Agaou* avec une armée au secours de ses sujets, mais il n'arriva que le lendemain du combat; M. *Goodson* eut donc tout l'honneur de la victoire, ainsi que le roi en convint lui-même avec reconnoissance.

Les *Dahomans*, se trouvant pourtant affoiblis par une longue suite de guerres dont ils ne retiroient aucun avantage, ne purent pas suivre plus loin leur victoire; ils se contentèrent de chasser l'ennemi du pays; & les *Popoes*, ainsi que les naturels de *Juda*, ayant perdu la fleur de leur milice & leurs meilleurs généraux dans cette dernière action, ne tentèrent plus d'entreprise importante après cela, malgré que de légères hostilités fussent exercées pendant plusieurs années: ils se bornèrent simplement à piller quelques cantons, & à faire des incursions sur la côte de *Juda*, où les effets des blancs qui se trouvoient à terre ou à même de s'embarquer, tombèrent entre leurs mains. Heureusement qu'en 1772 il fut fait, sous la médiation de *Leonel Abson*, gouverneur du *Fort William*, un traité de paix à l'avantage des deux partis, qui, après quarante ans de guerre, jouissent actuellement des bienfaits & des plaisirs de la société, & d'un commerce qui n'est plus traversé par des troubles cruels. Cet habile gouverneur met tant de soins à cette affaire, & maintient avec tant d'exactitude l'accomplissement des articles de ce traité de la part des deux partis dont il est également respecté & regardé comme l'arbitre le plus impartial, que, tant qu'il continuera à surveiller ces peuples, une paix solide ne peut manquer de régner entre eux.

Ahadée, accablé par les années & les infirmités, ne s'engagea plus dans aucune affaire digne d'être rapportée, après ce que nous venons de dire. Il mourut le 17 mai 1774, & eut pour successeur *Adanzou* II, qui est encore sur le trône.

VOYAGE
A LA COUR
DE BOSSA-AHADÉE,
ROI DE DAHOMÉ,
ÉCRIT EN 1772.

Juda, royaume autrefois florissant & indépendant, mais aujourd'hui province maritime de l'empire *Dahoman*, est situé à l'est de la Côte d'Or; entre les rivieres *Volta* & *Benin*. La rade dans laquelle les vaisseaux qui y vont faire la traite mettent à l'ancre, est à 6 degrés 27 minutes de latitude septentrionale. La violence des brisans contre le rivage rend toujours la descente à terre difficile & dangereuse, souvent même impraticable pendant plusieurs semaines de suite. On ne peut mettre à terre qu'avec des canots que les vaisseaux prennent à la *Côte d'Or* ; chacun de ces canots est gouverné par dix-sept *Fantis* qu'on loue au *Cap de la Côte* ou *Elmina* ; les *Fantis* sont des hommes actifs qui entendent parfaitement la conduite des bateaux, & qui s'en retournent dans le pays d'où ils viennent, lorsque le capitaine qui les a pris à son service a fini ses affaires.

Grigues ou *Griwy*, capitale de cette province, située dans une plaine sablonneuse, à environ trois milles de la mer, est une grande ville très-étendue qui contient environ huit mille habitans. C'est le lieu de résidence du vice-roi, qui est assisté dans son commandement par deux autres *Cabocheurs* & un autre officier de rang distingué. Les François, les Anglois, & les Portugais ont chacun un fort dans le lieu, & plusieurs comptoirs commodes pour faciliter le commerce des capitaines des vaisseaux marchands qui y vont acheter chaque année cinq à six mille esclaves.

Mes affaires exigeant que j'eusse une entrevue avec le roi, je m'adressai au vice-roi pour avoir le nombre d'hommes nécessaires pour m'accompagner ; il me donna en effet un interprète, six hommes pour les hamacs, dix porteurs, & un chef pour commander cette troupe : ce chef étoit responsable de la

conduite des autres: mes propres domestiques, &
quelques autres qui accompagnoient le capitaine,
& qui étoient armés, formoient une caravane de
trente personnes.

Les porteurs ayant reçu leurs paquets, qui consistoient, outre un matelas, en un petit coffre
pour mettre des habits, quelques provisions, &
des liqueurs pour mon usage, un ou deux barils
d'eau-de-vie que je leur avois destinés, quelques
sacs de *coris* (monnoie courante du pays) pour
les frais de la route, & quelques pièces d'étoffes
de soie que je destinois à des présens; je les fis
partir dès la pointe du jour; je me mis ensuite dans
mon *hamac*, & je commençai mon voyage à
Abomé le 1 février 1772, à six heures du matin.

En passant par la place du marché, j'y trouvai beaucoup de monde rassemblé; & apercevant parmi la foule quelques larges parasols, je
conclus que le vice-roi & ses cabocheurs étoient
de la troupe. Surpris d'une assemblée aussi matinale, j'envoyai mon domestique pour en savoir le motif; mais avant qu'il fût de retour,
un messager du vice-roi, qui m'avoit vu arriver,
vint me trouver & me dire que son maître
désiroit me parler avant mon départ. Je le trouvai à même de dresser la sentence de mort d'une
femme coupable, qui me parut d'un âge moyen,

& qui étoit à genoux devant lui au milieu d'un cercle formé par les gens de sa suite. Je demandai qu'on lui sauvât la vie, & je me flattai, d'après la circonstance qui lui avoit fait demander que je lui allasse parler, que l'offre que je ferois d'acheter cette criminelle pour esclave, seroit acceptée ; mais je me trompai : le vice-roi me dit que le roi lui-même avoit eu connoissance de cette affaire, & avoit arrêté la sentence « par » laquelle on devoit couper la tête à la cou- » pable, & la mettre au bout d'un pieu ». Ce pieu étoit déjà auprès d'elle, & elle avoit été forcée de l'apporter elle-même depuis *Abomé* jusqu'au lieu de son supplice.

Pendant cette conversation, une petite fille, poussée par la curiosité & ne sachant ce qu'elle faisoit, se fit jour au travers de la foule, & reconnoissant sa mère, courut à elle avec joie pour la féliciter de son retour. La pauvre femme, dit : « Va-t-en, mon enfant, ce lieu n'est pas » ta place ». Et on l'emmena sur le champ. Le vice-roi procéda à l'exécution de la sentence que la pauvre malheureuse s'entendit réciter avec une indifférence apparente, passant, d'un air distrait, entre ses dents, une paille qu'elle avoit ramassée par terre au devant d'elle. Lorsque le vice-roi eut rempli sa charge, en recommandant aux spectateurs l'obéissance, la soumission, & le respect que le roi exige de tous ses peuples, le patient reçut de la main d'un des exécuteurs, sur le derrière de la tête, un coup d'assommoir qui le terrassa, & un second bourreau lui sépara la tête avec un coutelas. Alors on mit cette tête sur un pieu au milieu de la place du marché, & le corps fut aussi-tôt porté & jeté hors de la ville, pour être la proie des bêtes féroces & des oiseaux de proie.

La femme qu'on venoit d'exécuter étoit une de celles qui tiennent de petites boutiques dans le marché ; quelques jours auparavant, s'étant aperçue qu'on lui avoit volé quelques bagatelles, elle avoit pris un bâton, dont le bout étoit en feu, & l'agitant au dessus de sa tête (coutume ordinaire dans ce pays), elle s'étoit écriée à haute voix : « Que celui qui a pris ce » qui m'appartient, meure, s'il ne me le rend » pas, & s'éteigne comme le feu qui est au » bout de ce bâton ». Tout en faisant cette cérémonie, une étincelle avoit tombé sur le chaume desséché des cabanes, & avoit mis le feu au marché.

Cette circonstance désagréable m'ayant retenu pendant une demi-heure, je continuai ma route. Le pays, quoique plat, est néanmoins très riant à la vue; il est presque tout défriché; une grande partie est cultivée, & l'on y rencontre quelquefois des bouquets d'arbres élevés & chargés de fruits, qui forment des bosquets très-agréables. Au bout d'une heure & demie de marche, nous nous trouvâmes près de la ville de *Xavier*, qui est environnée de plantations d'ignames, de patates, de blé & autres denrées, dont le marché se tient exactement à *Grigues*.

C'étoit le lieu de résidence des Rois de *Juda*, pendant que le royaume étoit dans l'indépendance, avant la conquête de *Dahomé* en 1727, & les François, les Anglois, les Hollandois, & les Portugais y avoient des forts & des comptoirs dont dépendoient ceux qui étoient à *Grigues*. Lors de l'événement, il furent abandonnés, & les canons emportés par le conquérant *Guadja-Trudo*, & distribués dans les palais qu'il possede à *Ardre*, à *Calmina*, & à *Abomé*. Il n'en reste aujourd'hui d'autres traces que les fossés qui les environnoient. On peut encore distinguer le lieu où étoit placé le palais des rois de *Juda*, par le fossé qui l'entouroit. L'endroit est actuellement recouvert d'arbres élevés, & regardé comme sacré par les représentans de cette famille infortunée, qui vivent en exil avec le reste de leurs compatriotes dans le voisinage de

Popoé; & lors de son avénement au gouvernement de ses rares & pauvres vassaux, le nouveau roi est obligé de se rendre dans ce lieu pour y être inauguré.

Tous les écrivains qui ont donné la description de ce pays, vantent ses beautés naturelles & la fertilité du sol; on assure qu'avant qu'il eût été conquis, il étoit si peuplé, que la terre étoit regardée comme propriété particulière; & que les habitans, d'après leurs grands avantages dans le commerce (ce lieu étant le principal entrepôt d'une vaste portion de l'intérieur du pays), passoient pour abonder en richesses. Une anecdote du dernier roi de *Juda*, que j'ai entendu rapporter par les vieillards du canton, confirme, jusqu'à un certain point, leur opulence.

Lorsque le capitaine *Ogle* (après sir *Chaloner*) fut envoyé, en 1772, dans le vaisseau de guerre le *Swallow*, à la côte d'Afrique, pour chercher *Roberts* le pirate, il descendit à *Juda*, & instruisit le Roi du motif de son message. Le souverain lui dit, « que s'il pouvoit
» se saisir de ce scélérat de *Roberts* qui avoit
» long-temps infesté cette côte, il lui donne-
» roit cinquante-six livres de poudre d'or »,
lui montrant une pièce de fer du poids d'un demi quintal, qui étoit auprès de lui, & qui

devoit déterminer la quantité par sa pesanteur. Le capitaine *Ogle* rencontra *Roberts* & lui prit son vaisseau le *Royal Fortuné*, au *cap Lopez*. *Roberts* fut tué dans le combat : on fit le procès aux pirates, & on les condamna à mort à la *côte du cap*, où la plupart d'entre eux furent exécutés ; on en emmena cependant une demi-douzaine à *Juda*, où ils furent pendus ; & le roi remplit sa promesse, en donnant au capitaine *Ogle* la riche récompense qu'il lui avoit promise.

Nous ne nous arrêtâmes point à *Xavier*, les porteurs de hamacs préférant nous cahoter environ cinq milles par heure, selon leur coutume, & se relever chacun à leur tour. Nous mîmes deux heures pour aller de *Xavier* à *Torée*, petite ville, mais relais commode, & dont les habitans retirent quelque bénéfice des rafraîchissemens que les voyageurs prennent chez eux. Elle est séparée de la province de *Juda* par une jolie rivière, rapide & profonde, dont les rives sont couvertes de grands arbres & d'une grande quantité de taillis épais qui forment un abri commode pour les éléphans, dont le nombre est très-considérable dans ces cantons.

Cette rivière bornoit autrefois au nord le royaume de *Juda* ; lorsque les *Dahomans* la traversèrent,

versèrent, au lieu de disputer le passage, ou de risquer une bataille pour défendre leur pays, les naturels de *Juda* se contentèrent bêtement de placer, avec beaucoup de cérémonie, le fétiche serpent sur la route, pour empêcher l'armée d'avancer ; voyant leur attente trompée, ils crurent que toute autre résistance seroit vaine, & fuirent avec précipitation devant le conquérant. Nous traversâmes la rivière sur un pont passablement solide, formé par des piles en bois placées à des distances convenables, & couvertes de fagots & de claies.

Ce fut dans cet endroit que nous atteignîmes nos porteurs ; & les hommes chargés de nos hamacs, désirant prendre un peu de repos & de rafraîchissement, je pris le parti de m'amuser à me promener dans la ville pour la visiter. Quoique mon dessein fût d'aller seul, je m'aperçus cependant que j'étois suivi par mon capitaine ; je lui dis que je n'avois pas besoin qu'il m'accompagnât dans ce moment, & qu'il étoit libre de rester avec ses compagnons; mais il me répondit, que
« les *Torées* étoient un peuple d'une espèce
» assez singulière & d'un caractère assez méchant,
» & que répondant de ma sûreté sur sa tête,
» il ne me laisseroit pas aller seul parmi des
» hommes qui avoient la coutume de manger

F

» leurs semblables ». Quoique je fusse persuadé que ses craintes pour moi étoient assez mal fondées, cependant, pour ne le pas inquiéter, je retournai vers ma caravane, en réfléchissant sur les préjugés que des peuples qui ne sont pas à la distance de plus de vingt milles, ont sur le compte de leurs voisins.

Lorsque les porte-hamacs se furent un peu reposés, & eurent fait un léger repas, nous nous remîmes en marche, & nous avançâmes vers une petite ville appelée *Azouay*, où nous arrivâmes au bout d'une couple d'heures ; la route étoit belle, mais entre ces deux endroits il n'y a ni établissemens ni plantations ; & comme le pays étoit couvert de bois épais & d'herbes si fournies & si hautes qu'elles dépassoient nos têtes, l'air ne pouvoit pas circuler ; je trouvai la chaleur si excessive, d'autant que le soleil étoit alors sous le méridien, que quand nous fûmes arrivés à *Azouay*, je consentis très-volontiers à ce que me proposèrent mes gens, de suspendre mon hamac à l'ombre d'un arbre touffu, pendant qu'ils iroient se baigner dans la rivière qui étoit auprès, ce qui les rafraîchit infiniment. Après avoir ainsi repris haleine, nous avançâmes vers la ville d'*Ardre*, où nous arrivâmes au bout de deux heures.

Ardre fut autrefois la capitale d'un grand & puissant royaume qui s'étendoit depuis le *Volta* jusqu'à *Benin*. Cette ville est située agréablement sur une éminence dont la pente est douce & le sol *graveleux*. Il croît aux environs un nombre prodigieux de palmiers qui ajoutent infiniment à la beauté du coup-d'œil, & qui fournissent aux habitans une grande quantité d'huile qu'ils portent au marché de *Juda* dans de grandes calebasses qui contiennent chacune depuis vingt jusqu'à quarante ou cinquante pintes. Le roi & plusieurs personnes distinguées de sa cour y ont des maisons ; mais ils s'y rendent rarement, & ce lieu n'est plus de beaucoup ce qu'il étoit autrefois.

Je fus conduit dans des appartemens d'une maison appartenante à un des officiers du roi, & qui sont destinés & disposés pour recevoir les blancs qui voyagent, & un homme, chargé d'en avoir soin & de les entretenir, vint m'offrir un vase rempli d'eau fraîche, & un pot de bière du pays, appelée *Pitto*, faveur à laquelle je répondis en rendant une bouteille d'eau-de-vie.

Nous résolûmes de passer dans ce lieu le reste du jour, & ma suite ayant déposé le bagage dans mon appartement, & préparé mon lit en suspendant le hamac de coton dans lequel je voyageois, & y mettant un matelas pour passer la nuit, s'en alla dans les quartiers qui lui étoient préparés, & me laissèrent, dans le silence & la retraite, me refaire des fatigues du jour; je ne fus point du tout interrompu par la curiosité indiscrète des gens de la ville pendant le reste du temps, & je passai la nuit dans la plus parfaite sécurité, sans avoir même fermé le verrou de ma porte. Cependant mon sommeil fut fréquemment interrompu par les cris, les mugissemens, & les hurlemens des bêtes sauvages, particulièrement des *jakals*, appelés par les naturels *Toutouys*, qui, comme si c'eût été entre eux une police régulière, ne cessèrent de roder dans la ville durant toute la nuit. Ces animaux sont féroces & voraces, de la taille à peu près d'un gros dogue, mais beaucoup plus forts dans toutes leurs parties, particulièrement dans leurs mâchoires, leurs dents, & leurs membres, qui sont singulièrement robustes : leurs pattes sont fort larges & armées de griffes redoutables. Ils quittent les bois, qui sont leur retraite, peu de temps après que la nuit est venue, & vont courir en troupe dans les villes & les plantations, pour y chercher leur nourriture. Tout animal domestique qui n'est pas en sûreté dans la maison, ou du moins renfermé par de hautes murailles, devient leur proie à coup sûr; mais faute de ce qu'ils aiment le mieux, ils s'accommodent de tout ce qu'ils trouvent; & quand ils ne peuvent pas avoir de meilleure nourriture, ils dévorent toute espèce de saloperie. J'ai souvent trouvé dans l'estomac de ceux qu'on avoit tués, des morceaux entiers de calebasses qui avoient jadis servi à contenir de l'huile, ainsi que des morceaux de cuir de vache, desséchés, qui avoient servi à couvrir les rouleaux de tabac de Portugal. Ce sont ces animaux sur-tout qui dévorent les cadavres des criminels qui ont été exécutés, ou des victimes humaines immolées dans les fêtes publiques.

Ils sont habiles à découvrir les corps morts qui sont enterrés, & les tirent de leur tombe: ils se réunissent plusieurs à cet effet; & quand ils ont leur proie devant eux, ils sautent & cabriolent de joie à l'entour pendant quelque temps avant de la dévorer. Lorsque quelqu'un de ces animaux a trouvé lui seul quelque butin, il change l'horrible hurlement dont il se sert quand il est en quête, en un autre cri désagréable, mais moins affreux, par lequel il invite ses camarades à venir partager avec lui; c'est par le même cri qu'ils annoncent la découverte de quelque tombeau, & qu'ils appellent les autres pour les aider à en ôter ce qu'il renferme. Je n'ai jamais vu d'exemple où ils aient attaqué une vache sans avoir commencé d'abord par la saisir par la tétine; & à *Juda*, où ils sont en grand nombre, j'ai vu souvent des vaches qui leur avoient échappé, en perdant cette partie, lorsque les gens des environs étoient promptement accourus dans l'endroit où les piteux mugissemens de ce pauvre animal appeloient leurs secours. Je suis surpris que M. de Buffon n'ait pas dit, que quoique le *Jackal* ait une grande ressemblance dans la figure avec le loup & les espèces canines, il en diffère cependant par un endroit frappant : c'est qu'il n'a que deux mamelles qui sont placées sur la poitrine l'une à côté de l'autre, comme chez les singes (1).

---

(1) Les parties de la génération sont conformées si singulièrement chez ces animaux, qu'on a peine à distinguer celles du mâle d'avec celles de la femelle.

Mirifica pudendorum forma extat. A fæmina mas haud facilè dignosci potest. Latitant penis ac testes intùs, subter cutem hypogastricam. Per foramen effluit urina; penisque in coitu detruditur. Tantam autem rima labiis muliebribus profert similitudinem, ut, specie primâ, valdè ambiguum sexus estimetur, & quasi hermaphroditicum.

Le royaume d'*Ardre* avoit déjà perdu de son étendue & de sa puissance par la révolte & la séparation de plusieurs provinces, avant qu'il fût attaqué par les *Dahomans*, sous *Quadja-Trudo* en 1725. Cependant les naturels firent une résistance opiniâtre, & perdirent, dit-on, cinquante mille hommes dans une bataille qui fut livrée auprès de cette ville, & qui dura *trois jours* avant qu'ils fussent vaincus.

Le jour suivant (2 février) nous nous remîmes en marche de très-bon matin, & nous continuâmes notre voyage au travers d'un pays très-agréable. Après avoir traversé deux villages, nous nous arrêtâmes pour déjeûner dans une ville appelée *Havée* : ce lieu n'est pourtant pas d'une grande importance, quoique le roi y ait une maison. Nous ne nous y arrêtâmes que le temps nécessaire pour nous rafraîchir, & nous avançâmes vers *Whybou*, où nous arrivâmes vers les dix heures. Nous y fûmes très-bien reçus par un vieux & hospitalier cabocheur qui me fit préparer un excellent repas, & donna à tous les gens de ma suite de très-grandes preuves de sa libéralité, en leur faisant faire une chère aussi bonne qu'abondante. Ce bon vieillard se nommoit *Jabrakou*; il avoit fait la guerre dans sa jeunesse, & s'étant acquis de la réputation dans les armes, il eut pour récompense le gouvernement de cette ville. Je m'aperçus que c'étoit un excellent chasseur : il me dit qu'il n'aimoit pas les animaux domestiques, mais que la chasse lui fournissoit des mets plus variés & plus délicats. Il me montra son garde-manger qui étoit copieusement fourni de buffle, de bêtes fauves de différentes grandeurs & espèces, de sanglier, & d'*Agouti* ou *Chat sauvage*; il me pressa de prendre ma part de toutes ces choses pour mon voyage, & quoique je l'eusse remercié, n'en ayant aucun besoin, cependant, au moment de mon départ, il me força d'accepter une couple de volailles délicates de Guinée, qu'il avoit, dit-il, ordonné qu'on fît rôtir pour mon souper. J'eus beaucoup de peine à obtenir de lui qu'il acceptât en échange un petit présent; il s'obstina même à le refuser jusqu'à ce que je lui eusse promis de passer quelques jours avec lui à mon retour, pour faire ensemble une partie de chasse.

Je me rappelle que M. *de Buffon* (1) dit que

___

(1) Le pays intérieur de l'Afrique est si peu connu, qu'il n'est pas étonnant que ses productions aient été ignorées de M. de Buffon, qui n'en a pu parler que d'après les mémoires imparfaits qu'on a sur ce continent.

l'Agouti est particulier au nouveau monde, & qu'on ne le trouve qu'en *Amerique*. Ce sont des animaux qui vont en troupeaux, & qui sont en grand nombre dans cette partie de *l'Afrique*. C'est un manger très-recherché par les naturels. Le *Chat sauvage* (nom par lequel le distinguent les négocians anglois de cette côte) approche beaucoup, par la longueur de son corps, de celle d'un lièvre parvenu à sa pleine croissance, & n'est guère qu'un peu plus gros. Quand le corps est dépouillé de sa peau, il paroît tout enveloppé de graisse de même qu'un cochon. Sa queue est courte & point touffue; je ne me rappelle plus du nombre de ses griffes; mais ses pieds sont petits & ne paroissent point formés pour creuser dans la terre; les pattes de devant sont moins longues que celles de derrière, & ses oreilles sont courtes & arrondies. Les jeunes garçons qui les prenoient & me les apportoient pour les acheter, me disoient que leur coutume étoit de guetter & d'attendre ces animaux dans leurs retraites, matin & soir; qu'on les voyoit presque toujours en compagnies (ou probablement en familles) de quinze ou de vingt, se suivant les uns les autres dans le même sentier; qu'ils laissoient d'abord passer ceux de devant, qu'alors ils attaquoient avec des bâtons l'arrière de la troupe, & que par cette manœuvre ils en faifoient deux ou trois prifonniers. Quand je leur demandai la raifon pour laquelle ils n'attaquoient pas d'abord les conducteurs, ils me répondirent que dans pareil cas les affaillans feroient expofés à la fureur de tous ceux qui fuivoient, & que leur morfure étoit très-cruelle. Je fus d'autant plus porté à le croire, que ces animaux ont deux dents incifives très-formidables à la mâchoire fupérieure; mais en n'attaquant que ces derniers, il n'y avoit prefque pas de danger, parce que ceux qui étoient déjà paffés continuoient leur marche, fans s'inquiéter du fort de leurs compagnons. Le mufeau de l'*Agouti* (excepté que la lèvre fupérieure eft divifée comme celle du lièvre) reffemble beaucoup à celui d'un rat, la mâchoire fupérieure s'avançant beaucoup au deffus de l'inférieure; fon poil, au lieu d'être doux, eft extrêmement rude; c'eft un crin très-dur & très-roide, & qui tient fi légèrement à la peau, que pour peu qu'on y touche, on l'en fépare. Cet animal a la faculté de hériffer fes crins qui font d'une couleur brune *obfcurcie par des taches plus brunes encore*. C'eft fur l'autorité des capitaines Portugais du *Bréfil*, que je penfe que cet animal eft l'*Agouti*; car ils m'ont affuré qu'il eft abfolument femblable à ceux qui font si communs dans ce pays, & les capitaines François qui ont été à *Cayenne*, sont du même avis. L'*Agouti* d'Afrique est très-gras, & sa chair a un goût huileux & fort, quand on ne l'a pas détruit par la fumée, préparation qui la rend extrêmement agréable au goût (1).

---

(1) Pison (hist. nat. lib. 3.) dit qu'il y a dans le Brésil cinq espèces de lièvres, dont l'*Agouti* est la troisième. L'*Agouti* de *Juda*, par sa taille & les taches de sa peau, paroît avoir plus de ressemblance avec le *Paca*, qui est le second de la classe qu'il fait de ces animaux. L'*Agouti* d'Amérique est plus petit; ses oreilles sont courtes & rondes; ses pattes de derriere sont armées de six griffes, & celles de devant de quatre seulement. Quand il mange, il tient sa nourriture entre ses pattes de devant, & s'assied sur ses hanches, comme l'écureuil. La femelle met bas trois fois par an, & chaque portée est de dix-sept petits. Le pere Labat, dans son voyage aux îsles de l'Amérique, en donne une figure dont le dessein n'est pas exact ; mais sa description est très-correcte. Il parle de trois espèces observées dans les îles *Caraïbes*. Pierre *Martyr* en attribue le même nombre à l'île de *Saint-Domingue* : c'étoit la nourriture ordinaire des Indiens, qui appeloient cet animal *uti* ou *outi*, nom très-peu différent de celui d'*Agouti*, qu'on lui a donné dans le continent.

Un fait assez curieux, c'est que cet animal est com-

Après avoir passé le reste du jour avec mon vieux ami, je partis pour *Appoy*, où, pour se

---

mun à *l'Afrique* & à *l'Amérique*. Supposerons-nous qu'autrefois ces deux continens étoient réunis, ou que dans des temps antérieurs aux traditions que nous avons, il y a eu entre les deux hémisphères des relations & des rapports de navigation? On répondra à la première objection, que l'éléphant & autres quadrupèdes de *l'Afrique* n'ont jamais été vus en Amérique (autant que peuvent nous l'apprendre les recherches sur l'histoire naturelle), soit par les Indiens aborigènes ou par les premiers Européens qui découvrirent cette contrée; & que *l'Amérique*, à son tour, possede des animaux qu'on ne sache pas encore exister en *Afrique*, tels que le *Tamandua*. Les navigateurs, à la vérité, peuvent avoir transporté d'un pays à un autre de la race des petits quadrupèdes les meilleurs à manger, comme *l'Agouti*, par exemple. C'est un sujet qui prête à un très-grand nombre de discussions hasardées, mais sur lequel il n'est pas possible, quant à présent, de rien établir de positif.

Le père *Labat*, qui étoit amateur de bonne chère, & qui avoit même des connoissances dans l'art de la cuisine, nous a donné une recette pour la meilleure manière d'accommoder cet animal. Il nous dit « qu'il
» faut d'abord l'échauder avec du lait comme un cochon,
» & que quand on le destine à être mis à la broche,
» il faut avoir grand soin de lui remplir le ventre
» d'une bonne farce, composée de fressure de cochon,

rendre, il faut une heure & demie de marche; j'y logeai, & dans une maison que le roi a fait arranger, & qu'il entretient pour recevoir les blancs. J'étois arrivé à la partie la plus désagréable, & vraiment la plus fatigante du voyage, & je jugeai nécessaire de prendre quelque repos avant de me remettre en route. C'est ici que commence la grande forêt dont le chemin qui la traverse est si étroit, si tortueux, & si mauvais, qu'il est impossible de s'y faire porter en hamac, même dans le moment où je voyageois, & qui est la saison la meilleure & la plus sèche de l'année.

Nous entrâmes dans la forêt le 3 février à trois heures du matin, à la faveur d'un beau clair de lune & d'un ciel très-serein. Notre capitaine des gardes disposa ses gens de manière à en placer une partie en devant & l'autre sur l'arrière, avec des mousquets chargés, pour nous défendre contre les attaques des bêtes féroces dont abonde cette forêt redoutable : deux porteurs de hamacs

---

» mêlée avec des jaunes d'œufs, de fines herbes, &
» des épiceries. J'en ai mangé, dit-il, plusieurs fois
» accommodé de cette façon & d'autres manières ; j'ai
» toujours trouvé que c'étoit un mets excellent & d'une
» digestion facile ». Tome III, page 25.

portoient à chacun de mes côtés des lanternes allumées, sur lesquelles les naturels comptent beaucoup pour effrayer les animaux dangereux: toute la troupe chantoit & crioit auſſi fort qu'elle pouvoit, ſoufflant dans des trompettes & tirant de temps en temps des coups de fuſil. Tout ce tapage, réuni au babil des ſinges, excita, à notre approche, le caquet des perroquets, les rugiſſemens des bêtes ſauvages, les cris des éléphans cachés dans l'épaiſſeur des bois, & forma la plus horrible cacophonie que l'on puiſſe imaginer.

Après une marche fatigante de cinq heures, nous arrivâmes à *Agrimé*, petite ville ſituée du côté oppoſé à la forêt. Nous y fîmes une halte pour y déjeûner, & nous reprîmes enſuite notre route pour nous rendre à *Calmina*, où nous arrivâmes au bout de deux heures. *Calmina* eſt une grande ville qui peut contenir environ quinze mille habitans. Le roi y fait ſouvent ſa réſidence, & y a une maiſon très-ſpacieuſe, qui occupe, avec toutes ſes dépendances, preſque autant de terrein que le *parc Saint-James*. Ce lieu eſt entouré d'une haute muraille de boue, & forme à peu près un carré. La première fois que j'y allai, j'en meſurai un côté qui a *mille ſept cents pas* de long; dans le centre on rencontre une grande porte, & un corps-de-garde très-vaste, sur le toît duquel sont exposés plusieurs crânes de prisonniers de guerre.

Je fus introduit à *Calmina* dans les appartemens de la maison du *Maybou*, & j'y reçus un messager de sa part, avec des complimens de félicitation sur mon heureuse arrivée; il désira savoir aussi dans quel temps je me proposois de faire mon entrée à *Abomé*, & si je voudrois consentir à être reçu en cérémonie par les grands officiers de la cour? L'étiquette, en ces cas-là, consiste en ce que le premier ministre & autres personnes de haute distinction vont avec un cortége nombreux, & sous les armes, au devant de la personne qu'on reçoit. Cette troupe exécute différens exercices militaires, & fait quelques décharges de mousqueterie, après quoi les chefs descendent & reçoivent l'étranger sous l'ombrage de grands parasols; ils lui présentent d'abord un gobelet d'eau fraîche, & ensuite un petit verre d'eau-de-vie qui est bu à la santé du roi : alors ils marchent à pied & accompagnent jusqu'à la ville celui auquel il rendent ces honneurs.

Je refusai cette marque de distinction, comme ne s'accordant pas avec la fatigue que j'éprouvois; je renvoyai le messager, chargé de mes complimens pour son maître, & je restai dans ce lieu jusqu'au soir. Pendant ce temps-là une vieille dame de la maison me prépara un dîner excellent, qui me fut servi d'autant plus à propos, que les porteurs chargés de mes provisions n'arrivèrent pas assez tôt, à cause de la fatigue qu'ils avoient éprouvée dans la traversée de la forêt.

Je partis de *Calmina* à cinq heures du soir, & continuai ma route vers *Abomé*, où j'arrivai au bout de deux heures. Le pays intermédiaire est peu couvert d'arbres, & le chemin, qui est d'ailleurs très-beau, étant élevé, on découvre le pays adjacent, & l'on jouit des points de vue les plus agréables. Je remarquai que toutes les terres étoient bien cultivées, & qu'on y sémoit particulièrement du blé & des légumes pour l'approvisionnement des villes voisines. A moitié chemin, entre *Calmina* & *Abomé*, il y a une maison de campagne appartenante au roi, & un village appelé *Duhouy*, qui étoit l'ancienne résidence de sa famille, & la capitale de son petit territoire, avant qu'elle fût sortie de son obscurité originaire, lorsque son ancêtre, *Tocodonou*, au commencement du dernier siècle, s'empara de *Calmina* par trahison, & d'*Abomé* par la force des armes ; ce qui fut la source &

le principe de la grandeur de l'empire de *Da-homé.*

A mon arrivée à la porte d'*Abomé*, je fus salué de quinze coups de canon, & conduit dans les appartemens des blancs, dans la maison du *Maybou* : son intendant m'attendoit avec un présent de la part de son maître, & qui consistoit en un pot d'eau fraîche, un pot de *pitto*, & quelques volailles. Le *Maybou* parut bientôt accompagné par *Eubiga*, le vice-roi de *Juda*, & vint me féliciter, de la part de son maître, de mon heureuse arrivée, & de ce que j'avois fait ma route sans accident, ou sans en avoir été incommodé : ce compliment fut suivi d'un présent de la part du roi; savoir, d'un mouton, de quelques volailles, de deux jarres de *pitto*, de deux corbeilles de farine de froment, d'une callebasse d'huile de palme, d'une de sel, & d'une bouteille d'eau-de-vie.

Comme j'ai eu occasion de citer le nom de *Maybou*, il me paroît nécessaire d'expliquer quel est son emploi & celui de quelques officiers qui seront introduits. Le premier ministre est appelé *Taméga* ; il est le premier officier civil de l'état, & a son rang immédiatement après le roi : c'est la seule personne de ses états à laquelle il ne peut pas faire trancher la tête quand il lui

G

plaît. Il est du devoir du *Taméga* d'aider le roi de ses conseils, & de partager avec lui les travaux du gouvernement. Lorsque le roi meurt, c'est lui qui, avec le *Maybou*, a le pouvoir de nommer celui des fils du défunt qui doit succéder à la couronne : quoique ce soit le fils aîné qui soit regardé comme l'héritier présomptif & légitime du royaume, cependant, si les deux ministres ne le croient pas digne de monter sur le trône, ils ont le droit (comme nous l'avons déjà dit) de conférer la souveraineté à celui des autres frères auquel ils croient un mérite & des talens supérieurs. Celui qui tient le premier rang après le *Taméga* est le *Maybou* ; il est également conseiller du roi, & remplit encore les fonctions de maître de cérémonies; il est le directeur ou surintendant des fêtes publiques qui se donnent à la cour, & c'est lui qui est chargé du soin de tous les étrangers qui vont à *Dahomé*, soit Européens, Maures, ou ambassadeurs Nègres des états voisins. Le *Taméga* & lui jugent les affaires criminelles, & l'un de ces deux ministres est presque toujours avec le roi pour l'informer de tout ce qui se passe. On appelle *Agaou* le commandant en chef de l'armée, & *Eubiga* le vice-roi de *Juda*. La traduction littérale de ce titre est *capitaine des hommes blancs*. Le *Jahou* est le grand-maître des écuries ou grand palefrenier; il est chargé du soin des criminels, & obligé d'être témoin des châtimens qu'on leur inflige; il a encore la surintendance des plantations destinées à fournir les provisions de la maison du roi, & il est obligé de veiller à ce que les *femmes qui cultivent les jardins* ne soient point paresseuses à remplir leur devoir. Voilà les principaux personnages du royaume. Les places ne sont point héréditaires, c'est le roi qui les donne à celui qu'il veut le plus favoriser, & à qui il croit le plus de talens pour les bien remplir.

On s'occupoit dans ce moment à la cour d'une très-grande fête qui dure plusieurs semaines, & qui est appelée «*les Coutumes annuelles*». C'est *lorsque le roi va arroser les tombeaux de ses ancêtres avec le sang de plusieurs victimes humaines.* Les gouverneurs de *Juda* sont invités à s'y rendre, & font alors un présent qui doit consister au moins dans une pièce de damas des Indes, ou de quelque autre belle étoffe de soie. Le vice-roi de *Juda* & les gouverneurs des différentes villes & provinces sont également obligés de se rendre à cette fête avec leurs présens, & d'y rendre compte de leur conduite, & de toutes les circonstances dont il plaît à sa majesté de s'informer. Ceux qui s'en acquittent à sa satisfaction, ont l'honneur de recevoir quelques marques de son approbation, & il la témoigne, en général, en leur donnant une large étoffe de coton, fabriquée dans le pays *d'Eyo*, dont le travail est très-beau, & qui se porte en manière de surtout ou de manteau. Les marchands ou négocians noirs, & même chaque chef de famille, sont obligés de venir passer quelques jours à cette fête, & d'apporter une quantité de *coris* proportionnée à leurs facultés & aux circonstances : chacun d'eux tâche de faire le plus beau présent qu'il lui est possible. Ce présent n'est dans le fait qu'une *taxe* véritable, puisque celui qui ne la feroit pas seroit réprimandé ou peut-être même puni. Ils sont tous accompagnés de leurs domestiques, & les jeunes gens d'entre eux qui désirent prendre une compagne, apportent chacun les épargnes de leur industrie, si elles peuvent monter à cinq *cabés*, ou vingt mille *coris*, qu'ils déposent à la porte du palais du roi ; ils se prosternent alors dans la poussière, supplient qu'on leur donne une femme, & presque toujours leur demande leur est accordée. On prend les femmes par la main, on les fait sortir du palais, on les distribue à ceux qui désirent en avoir, & l'on reçoit en retour leurs *coris*. Chacun doit prendre la femme qui lui est assignée; soit vieille ou jeune, belle ou difforme, il n'a pas le droit de refuser. J'ai su que quelquefois les femmes du roi, qui sont les agens dans cette affaire, se plaisent à jouer des tours malins aux jeunes gens, en leur donnant leur propre mère en mariage. Ils sont obligés de la garder, en attendant que leurs facultés les mettent à même d'essayer si, dans une autre occasion, le sort les favorisera davantage.

Le principe politique qui a donné lieu à cette méthode de faire les mariages, est, que « *les parens n'ont aucune espèce de droit ni de propriété sur leurs enfans dans le territoire de l'Empire Dahoman*, & *que tous les enfans appartiennent au roi* »; ils sont enlevés très-jeunes à leurs mères (1), & distribués dans des villages éloignés du lieu de leur naissance, où ils demeurent jusqu'à ce que le roi veuille se les approprier, sans espoir d'être jamais revus ou du moins reconnus de leurs parens. Le motif de

---

(1) Quelle coutume barbare! Si la fertilité de l'Afrique & les richesses que ce continent offre aux Européens doit les engager à y former des établissemens, quels motifs plus puissans peuvent-ils réunir aux vues d'intérêts, que l'espoir & la certitude d'y porter la civilation, d'y rétablir la nature dans tous ses droits? (*Note du Traducteur*.)

cette coutume barbare est, qu'il ne doit point exister de liaisons ou d'arrangemens de famille, aucune association qui puisse porter atteinte à la puissance illimitée du souverain. De là vient que chaque individu est isolé, sans rapport ni alliance, & que n'ayant aucune relation qui puisse l'intéresser, il n'a d'inquiétude que pour sa sûreté personnelle, qu'il ménage par la soumission la plus abjecte & la plus vile obéissance. A peine connoît-on dans ces lieux la tendresse paternelle & l'amour filial; à peine les plus doux sentimens de la nature y existent-ils. Les mères, au lieu de chérir leurs plus tendres émotions, s'efforcent d'étouffer le penchant qu'elles ont à aimer un enfant qu'elles savent devoir leur être enlevé aussitôt qu'il peut supporter la fatigue d'être transporté loin d'elle.

Quand la fête annuelle *des Coutumes* arrive (fête à laquelle tout individu doit se rendre, à moins de maladie), chacun étant immédiatement sous la puissance du roi, ceux qui ont été coupables de quelques fautes sont arrêtés sans aucun trouble, & souvent on attend jusqu'à cette époque pour juger les petites offenses; mais lorsqu'il s'agit de ces crimes qui méritent une prompte punition, comme d'avoir eu quelque familiarité imprudente avec les femmes du roi, d'avoir volé ou exercé quelque sortilège, on envoie au coupable une espèce de messager appelé *mi-tête* (parce qu'ils ont une moitié de la tête rasée, & qu'ils ont la liberté de laisser croître leurs cheveux sur l'autre dans toute leur longueur ; costume qui, joint avec une demi-douzaine de cordons de dents humaines qu'ils passent de l'épaule droite en travers sur la poitrine & le dos, pour les fixer au genou gauche, leur donne un air fort extraordinaire). Les messagers, ou espèce d'huissiers, écoutent le récit de l'affaire devant le magistrat de la ville, & si l'offense est prouvée, ils emportent avec eux la tête du coupable dans un sac, pour prouver au roi que la sentence a été exécutée, ou bien ils le conduisent dans la capitale, pour y recevoir le châtiment auquel il est condamné.

C'est aussi à cette époque que le roi s'informe particulièrement de la conduite de ses esclaves, dont le plus vil de tous a, dans cette occasion, accès auprès de lui ; s'il a quelque plainte à faire, si on lui a fait quelque injustice, il peut s'adresser directement au souverain, en public ou en particulier : cette méthode met un frein à la conduite des personnes puissantes, & les empêche sans doute d'opprimer leurs inférieurs. On voit en effet rarement dans ce pays des exemples d'injures personnelles ; car, comme tout le monde est esclave du roi, ceux qui jouissent d'un rang plus élevé ont égard à la manière dont ils traitent leurs compagnons d'esclavage, de peur d'encourir la disgrace de leur maître commun : d'après cette crainte, dans les querelles entre égaux, on se contente de se témoigner réciproquement son indignation par des invectives, & rarement on en vient aux coups, de peur de blesser un *esclave du roi*, ce qui auroit de fâcheuses conséquences pour l'agresseur.

On me permit de rester dans mon appartement un jour entier après mon arrivée, & je n'y fus point interrompu, excepté que vers le soir un vieillard me vint demander la permission d'entrer; il s'approcha avec beaucoup de respect, & me montra une petite calebasse qui contenoit quelques cailloux qu'il renversa par terre ; les ayant ensuite arrangés & comptés, il me fit remarquer qu'il y en avoit quinze; je me rappelai que c'étoit le *nombre des coups de canon* qu'on avoit tirés la veille au soir; je compris alors que c'étoit le canonnier, & je lui fis présent d'un *sac de coris* & d'une bouteille d'eau-de-vie ; je lui témoignai ensuite le désir de voir son artillerie ; il consentit volontiers à me la montrer, & me conduisit dans un lieu découvert dans la ville, où je trouvai vingt-deux canons de deux livres de balle, & deux de six sans aucun affût, nullement disposés pour la défense, mais placés tout simplement sur deux morceaux de bois, pour les tirer dans les réjouissances publiques, ou pour des saluts particuliers.

La ville est grande, & peut contenir environ *vingt-quatre mille* habitans. Elle est bâtie sans aucun ordre, ou du moins sans égard à la régularité ni à l'alignement des rues. Un certain nombre de petites cabanes pour les femmes, & un ou deux portiques ombragés pour le maître, le tout enclos d'une haute muraille de torchis, forment l'arrangement & toutes les commodités de chaque famille. *Dahomé* est situé dans une plaine aride & graveleuse, & n'a d'autre eau que celle d'un petit ruisseau qui est à deux milles de distance, ce qui rend cet article fort cher. Ce sont des femmes qui la portent dans des pots de terre & la vendent en ville. *Dahomé* est entouré d'un fossé large & profond, mais n'a point de fortifications; on ne peut pas même s'apercevoir de ce que sont devenues les terres qui ont été le résultat de l'excavation, à moins qu'on les ait employées à construire les murailles de boue des maisons. Il y a quatre ponts de bois qui traversent le fossé dans différens endroits, & chacun a un corps-de-garde où il y a quelques soldats en sentinelle.

Le roi a dans la ville deux maisons appelées *Dahomé* & *Gringomé*, & une autre hors ville, qui s'appelle *Dampogé* ; elles ont à peu près les mêmes dimensions que celle qui est à *Calmina*, & sont, comme elle, entourées d'une *muraille de boue* d'environ vingt pieds de haut. En passant devant le corps-de-garde qui est à la porte de la maison de *Gringomé*, je remarquai un grand nombre de crânes humains, fixés sur de petits pieux qui en hérissoient le toit : c'étoient les têtes des prisonniers de guerre. De chaque côté de la porte il y avoit une pile au moins de cinquante crânes humains chacune ; à quelques pas de là, en face de la porte, il y avoit un petit échafaud d'environ dix pieds de hauteur, sur lequel étoit à peu près une douzaine de têtes de victimes infortunées qui avoient été immolées peu de jours avant pour la célébration d'une fête.

A mon retour, je reçus un message de la part du roi, pour me prévenir qu'il désiroit me voir le lendemain matin dans sa maison de *Dahomé*. Je me préparai donc à cette visite, en faisant déballer une très-belle chaise à porteurs & un orgue portatif que j'avois fait apporter de *Juda*. J'envoyai ces deux objets le matin, de bonne heure, au palais, par mes porteurs, & je les suivis le 5 février à dix heures, accompagné de mon interprète. Je fus reçu à la porte par le *Maybou*; il y avoit à chaque côté du seuil une tête d'homme *récemment coupée*, posée sur une pierre plate, la face en enbas & l'extrémité sanglante du cou tournée vers l'entrée. Il y avoit dans le corp-de-garde environ quarante femmes, armées chacune d'un mousquet & d'un sabre, & vingt Eunuques avec des verges de fer poli dans leurs mains. L'un d'eux se détacha pour aller annoncer mon arrivée. Le *Maybou*, marchant à pas lents devant moi, me conduisit, en passant par la premiere cour, à une porte auprès de laquelle étoient deux autres têtes fraîchement abattues: là, il se prosterna & baisa la terre. Une femme alors ouvrit la porte, & nous entrâmes dans une seconde cour dont les deux côtés étoient formés par de longs portiques ombragés. C'est là où nous fûmes joints par le *Taméga* & l'*Eubiga*, qui, avec le *Maybou*, se mettoient souvent à genoux, pendant que nous traversions cette cour, dans laquelle on avoit rangé six têtes humaines; ils s'arrêtoient de temps en temps pour baiser la terre, en prononçant avec respect, à haute voix, quelques-uns des titres de sa majesté. De ce lieu nous passâmes, par une troisieme porte, dans la cour où le roi étoit assis sur un beau fauteuil de velours cramoisi, orné de franges en or, placé sur un tapis, sous un portique spacieux & frais, qui occupoit un des côtés de la cour. Il fumoit du tabac, & avoit un chapeau bordé d'une dentelle en or, avec des plumes d'autruche. Il étoit vêtu d'une large robe de damas cramoisi assez riche, & dont il s'enveloppoit; il avoit des pantoufles jaunes, mais il lui manquoit des bas: plusieurs femmes étoient occupées à l'éventer, & d'autres à lui chasser les mouches avec un petit balai. Une femme étoit à genoux devant lui & tenoit une tasse d'or dans laquelle il crachoit.

Lorsqu'on eut ouvert la porte qui conduisoit dans cette cour, le *Taméga* & ses deux compagnons se prosternèrent sur le champ, roulèrent leur front dans la poussière, baisèrent plusieurs fois la terre, & s'approchèrent du roi en rampant sur les genoux & les mains, se prosternant souvent le visage contre terre & jetant la poussière à pleines mains sur leur tête: quand même il eût tombé beaucoup de pluie auparavant, cette cérémonie n'en eût pas moins été exécutée.

Après avoir salué le roi, on me conduisit à un fauteuil à quelques pas de lui; & après avoir bu un petit verre d'eau-de-vie à sa santé, & lui un autre à la mienne, il s'informa de celle de son frere *George, roi d'Angleterre*, & me fit quelques questions concernant mon voyage. Nous conversâmes ensemble par le moyen de mon domestique qui servoit d'interprète, & du *Maybou*, qui d'abord baisoit la terre avant d'oser répéter à mon domestique les paroles du roi; coutume qui s'observe toujours dans tous les lieux du royaume, de même qu'en la présence de sa majesté; toutes les fois qu'une personne a occasion de répéter ce que le roi a dit, ou de délivrer quelque ordre ou quelque message de sa part. Après avoir causé un certain temps, il me pria de lui faire entendre l'orgue que j'avois apporté, & parut en entendre les airs avec beaucoup de plaisir. Je lui expliquai ensuite la manière de se servir de la chaise à porteurs, que je lui dis être plus commode que les hamacs dont il se servoit ordinairement. On fit entrer alors une demi-douzaine *de valets de chambre* du hamac, marchant à quatre pattes, &, selon son désir, je me mis dans la chaise à porteurs, & leur ayant enseigné comment il falloit faire, chacun d'eux me porta à son tour, jusqu'à ce qu'ils me parussent assez au fait de la chose. Alors le roi s'y mit lui-même, & se fit porter plusieurs fois autour de la cour, au milieu des cris & des acclamations de ses ministres, de ses femmes, & des *valets de chambre du hamac*. La voiture étoit assez élégante ; elle étoit couverte en maroquin rouge, & doublée de soie blanche. Il en fut dans l'enchantement, & se divertit beaucoup à en ouvrir & fermer alternativement les rideaux, qui lui parurent une invention des plus ingénieuses ; enfin dans la joie & les transports de son ame, il fit venir quelques eunuques pour remplacer les porteurs de hamacs; & la porte qui conduisoit du portique à ses appartemens ayant été ouverte, il se fit porter par eux chez ses femmes, pour leur montrer le beau présent qu'il venoit de recevoir. J'obtins alors la permission de me retirer, & ses *gentilshommes* s'en allèrent aussi de la même manière qu'ils étoient entrés, c'est-à-dire, très-humblement à quatre pattes. Je finis ma journée par faire l'emplète de trente-deux esclaves.

Le lendemain (6 février), le roi me fit demander s'il me seroit agréable de venir voir quelques divertissemens qu'on devoit donner à la porte de son palais, à *Gringomé*. J'acceptai d'autant plus volontiers, que j'avois appris que l'*Agaou* (le général) étoit revenu la nuit précédente d'une expédition contre les *Mahis*, & avoit amené quelques prisonniers sur lesquels je désirois prendre quelques informations. Je trouvai le *Taméga*, le *Maybou*, l'*Eubiga*, l'*Agaou*, & le *Jahou* assis sur des tabourets placés sur des peaux de léopards à la porte du roi, & garantis du soleil par des parasols. On m'arrangea de la même manière : un peuple très-nombreux s'étoit assemblé, mais je vis que ce n'étoit pas le moment ni le lieu pour faire des affaires ; je m'amusai donc à voir les distorsions bizarres & les danses antiques de cette foule qui s'animoit au son de divers instrumens qui formoient une musique vraiment enragée. Tout au milieu de cette fête, si un homme venoit à glisser, à faire un faux pas, & à tomber, ce qui est regardé comme d'un mauvais présage, le pauvre malheureux étoit aussi-tôt enlevé hors de la foule & décapité, sans que cela interrompît la danse, qui continuoit comme s'il ne fût rien arrivé. Vint ensuite une troupe d'environ cent cinquante femmes, dont les mouvemens & les grimaces étoient encore plus comiques, s'il est possible, que celles que je venois de voir. Cette bande étoit composée de courtisanes qui font ce métier par ordre du roi : c'est une précaution que le gouvernement prend pour empêcher que la paix des familles soit troublée, & qui est peut-être plus nécessaire dans cet état que dans aucun autre ; parce que *l'adultère* y est puni févèrement, & que toute efpèce d'indifcrétion de galanterie expofe les délinquans à la *mort* ou à *l'efclavage*, fur-tout dans un pays où la majeure partie des femmes appartient aux hommes d'un rang diftingué qui les renferment dans leurs maifons. Le férail du roi en contient trois ou quatre mille ; fes principaux officiers en ont depuis un cent jufqu'à trois ou quatre chacun, & les perfonnes d'un rang moins élevé depuis fix jufqu'à vingt. Ce partage inégal, dans lequel les droits de l'homme font enfreints, & leurs befoins trop mal calculés, fait que la plus baffe claffe du peuple ne peut pas avoir de compagne (1) ; mais il y a dans chaque ville un certain nombre de femmes publiques, proportionné à fa grandeur, lefquelles font obligées de fe prêter aux défirs du premier qui lui fait des offres : le prix de leurs faveurs eft réglé & mo-

---

(1) Quelle prodigieufe fécondité que celle des Africains, puifque, malgré les entraves que leur gouvernement met à leur population, on leur enlève chaque année plus de cent mille invidus pour la culture de nos Colonies ! Et combien les Colons ont tort de ne pas favorifer chez eux les naiffances en proportionnant les fexes, en s'oppofant au libertinage de leurs nègres, & en ne les furchargeant pas de travail ! (*Note du Traducteur.*)

déré;

déré ; & quoique ces pauvres créatures payent tous les ans une taxe très-forte que dans ce moment même elles venoient apporter au roi, néanmoins, en joignant à leur principale occupation celle de vendre de la petite bière & d'élever de la volaille, elles font encore des profits qui les mettent en état de vivre, & je suis porté à croire qu'il y a dans le monde des malheureuses de la même profession encore plus à plaindre que celles là.

Tel plaisir que je pusse prendre à considérer ce bizarre tableau, il fut troublé par la remarque que me fit faire officieusement mon domestique, de sept chevaux & de sept hommes attachés par les mains & les pieds à de grands poteaux fixés dans la terre ; ils devoient rester ainsi jusqu'à la nuit d'avant la fête prochaine, où alors ils devoient avoir la tête tranchée, ainsi que leurs chevaux : ces malheureuses victimes, quoique convaincues du sort qui les attendoit, ne laissoient pas que de prendre plaisir à la musique, en cherchant à en battre la mesure. Je quittai bientôt ce lieu où j'avois trop à souffrir, & je pris congé de la compagnie ; mais je n'allai pas loin avant d'être presque suffoqué par une puanteur insupportable ; je regardai autour de moi, & je m'aperçus qu'elle provenoit de la putréfaction de *trente-*

H

deux têtes de chevaux, & de trente-six têtes d'hommes qui avoient été massacrés dans les deux fêtes précédentes, non pour avoir commis aucun crime, mais comme un sacrifice à la grandeur mal entendue du roi, & conformément à un *usage immémorial.* Dirigeant ensuite mes pas vers la place du marché, j'y trouvai à l'entrée deux gibets d'environ vingt pieds de haut, à chacun desquels un homme nu & massacré étoit suspendu par les pieds ; à l'autre extrémité du marché, il y avoit deux autres gibets offrant le même spectacle. Ces pauvres malheureux avoient été mis à mort à coups de massue qu'on leur avoit donnés sur la tête, & on leur avoit retranché entièrement les parties naturelles afin de ne pas offenser la délicatesse des femmes qui avoient passé en procession au dessous de ces cadavres dans une fête qui avoit été donnée huit jours auparavant. Les oiseaux de proie dévoraient leurs entrailles, & en faisoient leurs repas. Les naturels contemploient tout cela sans la moindre émotion, admirant seulement la grandeur du roi qui pouvoit les défrayer de la dépense de ces sortes de spectacles. J'observai que dans le marché, la viande des *chiens* y étoit mise en vente, ainsi qu'à *Juda,* en commun avec celle des autres animaux.

Le 7 février, je me rendis de très-grand matin à la porte du palais de *Dahomé*, pour y voir passer en procession les femmes du roi, qui sortirent au nombre d'environ sept cents, vêtues proprement, & qui dansèrent à la parade qu'on fit devant le corps-de-garde, & où un grand nombre d'hommes sous les armes étoit rangé à une certaine distance, pour empêcher la populace d'approcher. Quand ils se furent retirés, l'*Agaou* s'avança avec environ cinq mille hommes sous les armes, exécutant les différentes évolutions de leur exercice, qui fut terminé par une danse générale & quelques chansons guerrières. Après cela, j'allai présenter mes respects au roi qui me pria de jouer quelques airs de l'orgue portatif dont je lui avois fait présent. Il y avoit trois cylindres, & il étoit fort embarrassé toutes les fois qu'il falloit les changer; c'étoit une très-grande affaire pour sa conception. Je lui fis entendre plusieurs airs agréables & quelques marches choisies; mais ce qui lui fit le plus de plaisir, fut l'air du *cent quatrième Pseaume*; il me pria d'y fixer le cylindre, afin qu'il pût s'amuser quand il seroit seul.

Le 8 février au matin, je reçus un exprès du roi pour me rendre auprès de lui à sa maison de *Dahomé*: j'y allai en effet, & trouvai sa majesté assise sous un portique, vêtue d'une robe de chambre de soie ; après l'avoir saluée, je fus invité à m'asseoir dans un fauteuil auprès duquel des esclaves étoient prêts à tenir au dessus de moi un très-grand parasol. Le roi avoit auprès de lui ses premiers officiers d'état, & il vint à la parade une populace innombrable. A peu de distance de moi, étoient assis une douzaine d'hommes bazanés, ayant des turbans sur leurs têtes, & vêtus de larges chemises de coton, faites en manière de surplis, avec de larges caleçons ou grandes culotes de matelots & des pantoufles de maroquin. Ces gens sont appelés *Mallays*; ils parlent & écrivent l'Arabe, & l'on dit qu'ils viennent de la partie septentrionale de l'*Afrique*, des confins du royaume de *Maroc*, & des états de *Babarie*. Ils voyagent dans ce pays & dans d'autres parties de l'*Afrique* bien plus éloignées (car ils vont jusqu'à *Angola*), sans doute pour des raisons de commerce. Cependant je ne pus pas m'apercevoir qu'ils en eussent en vue aucune branche qui fût un peu importante. Ils achetoient des cuirs & des peaux qu'ils tannoient & travailloient pour faire des harnois à leurs chevaux, des sacs à tabac, & autres articles d'utilité; ils portent aussi de petites balles de peau derriere leur dos. Quels que soient les motifs véritables de leurs voyages, ils se conduisent très décemment, & sont bien reçus & très-respectés partout où ils vont : ils professent la religion mahométane ; & lorsque leur long *Ramadan* est enfin expiré, le roi fait tuer tous les ans un éléphant pour leur faire fête (1).

―――――――――――――――――――――――

(1) Il est parlé de ces *Mallays* ou *Mullahs* par *Snelgrave*, qui dans sa visite au camp du premier roi de *Dahomé* (*Quadja Trudo*) ; en remarqua deux. On lui dit qu'ils étoient d'une nation très-éloignée dans l'intérieur des terres & frontière de l'empire de Maroc, & qu'on avoit pris trente-huit autres de leurs compatriotes pendant qu'ils alloient d'un pays à un autre pour faire le commerce. C'étoit en effet des voyageurs Arabes, peut-être mulâtres ou metis, habiles à écrire l'Arabe, & dans l'art de teindre les peaux de chèvres & de moutons, dont ils font des boîtes en cartouche, & des sacs pour mettre la poudre à canon, ou propres à d'autres usages. Leurs talens leur avoient acquis à un tel point l'admiration & l'estime de leur conquérant, qu'il les traitoit avec des marques extraordinaires de faveur. Il est bien possible que, pour se donner un plus grand air de dignité, ils se donnent le titre de *Mullahs* ou *Mollahs*, qui appartient proprement à un ordre de prêtres Mahométans, dont les fonctions sont de surveiller & de contrôler les *Cadis* ; & il est assez vraisemblable, que sous l'apparence non suspecte de simples négocians, ce soit des missionnaires employés secrètement pour faire connoître & répandre la doctrine du *Koran* parmi les noirs de l'intérieur de l'Afrique.

Bientôt après que je fus assis, la musique commença. Elle consiste principalement, outre les trompettes, les flûtes, & les cloches, en une multitude de tambours de différentes grandeurs; c'est au son de cette rude & sauvage harmonie que dansoit une foule nombreuse. Lorsqu'une bande étoi fatiguée, une autre la remplaçoit, & celle-ci l'étoit par d'autres encore. Quelque temps après l'on dressa une table sur laquelle on servit de très-bonnes viandes, & en abondance; j'y dînai, & les *Mallays* en firent autant d'un autre côté. *Adanzou*, fils aîné du roi, & son héritier présomptif, avec qui j'avois fait connoissance dans le premier voyage que j'avois fait dans ce lieu, s'assit par terre derrière ma chaise, & voulut

---

Il n'est pas douteux que si ces peuples vouloient jamais consentir à renoncer à leurs superstitions héréditaires, ils embrasseroient la religion Mahométane, de préférence à toute autre, parce qu'elle permet la polygamie, qu'elle flatte leurs préjugés à beaucoup d'égards, & qu'ils y trouveroient une conformité de foi & de coutumes avec leurs voisins du nord & du nord-est. Mais ils ne paroissent pas, en général, portés à adopter aucun changement. Le petit nombre de *judaïques* qui échappèrent au fil de l'épée de *Quadja Trudo*, lui eurent beaucoup d'obligation de ce qu'il leur permit de continuer le culte de leur *serpent*.

bien me faire l'honneur de recevoir de ma main une volaille rôtie & quelques autres morceaux de ma table. Mais le roi ne mange jamais en public; c'est même un crime que de suppofer que jamais il mange, ou qu'il ait affez de reffemblance avec les autres mortels pour avoir befoin de nourriture ou de fommeil.

Lorfque le repas fut fini, la mufique recommença, & le roi vint à la parade, fuivi d'une garde de vingt-quatre femmes armées chacune d'un gros moufqueton; il fe mit enfuite à danfer, pour convaincre fes fujets de fa bonne fanté & de fon activité, ce qui leur caufa un plaifir & une joie qu'ils manifeftèrent par des acclamations très bruyantes. Il témoigna à fes muficiens combien il avoit été fatisfait de leur exécution, en leur faifant diftribuer quatre-vingts onces (1) de *coris* qui étoient apportées par trois cent vingt de fes femmes, portant chacune un *cabat* qui en contenoit quatre mille dans un baffin de cuivre, pour diftribuer aux tambours qui s'en allèrent très-contens : je pris auffi congé de la compagnie, & je me retirai.

Du 8 février. En arrivant le matin à la maifon

---

(1) Une once vaut environ 45 liv. pefant.

de *Gringomé*, j'y trouvai un grand concours de peuple rassemblé. Je fus reçu par le *Maybou* qui me conduisit à une très-grande parade. De chaque côté de l'entrée, il y avoit trois têtes d'hommes qu'on avoit coupées la nuit d'auparavant; on avoit élevé dans le centre une grande tente en forme de pain de sucre, d'environ cinquante pieds de haut & quarante de large; elle étoit ouverte dans le bas, & fixée sur une petite balustrade circulaire en fer, au travers de laquelle le roi pouvoit voir tout ce qui se passoit à la parade. Il ne tarda pas à paroître, & il s'assit (au milieu des cris & des acclamations du peuple) sous sa tente sur un fauteuil-à-bras élégant, couvert en velours cramoisi, & orné de sculpture & de dorure. Je fus placé à l'ombre d'un large parasol, ayant à ma droite les *Mallays*, & à ma gauche environ trente eunuques, tenant chacun dans leurs mains un verge de fer poli, & vêtus comme des femmes : après une musique qui dura environ demi-heure, & dont le bruit confus, joint aux cris & aux chansons de la multitude, m'avoit presque étourdi, un Arlequin vint divertir le roi par sa danse bizarre, à laquelle il mêla de temps en temps des coups de mousqueton. Sa majesté en fut si contente, qu'elle lui envoya cinq *cabats de coris*,

Je vis défiler ensuite une garde de cent vingt hommes armés de gros mousquetons, & marchant à deux de front : à la suite étoient quinze filles du roi, très-belles & à la fleur de l'âge, accompagnées de cinquante esclaves femelles ; après elles marchoient en ordre régulier, l'une après l'autre, sept cent trente de ses femmes portant des provisions & des liqueurs pour un divertissement qui devoit avoir lieu dans la place du marché. Celles-ci étoient suivies d'une garde de quatre-vingt-dix femmes sous les armes & battant le tambour. On dressa alors une table à laquelle je déjeûnai, pendant que la procession continuoit. Je vis avancer six troupes de soixante-dix femmes chacune, à la tête desquelles marchoit, à l'ombre d'un parasol, une favorite distinguée. Cette conductrice étoit si universellement respectée, que sa vue étoit, pour ainsi dire, sacrée ; car on m'empêcha de la voir avec le parasol, & des espèces de longs boucliers de cuir, couverts de taffetas rouge & bleu, dont on l'environnoit. J'aperçus aussi deux autres parasols dans la dernière troupe, & quatre favorites très-belles femmes, & qu'on me dit être celles que le roi aimoit le plus après la dame que l'on avoit pris tant de soin de dérober à mes yeux. Toutes ces femmes amusoient le roi par leurs chansons & leurs danses à mesure qu'elles paſſoient ; les favorites entrèrent dans 'a tente, pour lui rendre leurs devoirs, & en reçurent des préſens conſidérables de *coris*. Dix bandes des enfans les plus jeunes du roi venoit enſuite ; & chacune de ces bandes étoit de quinze enfans de taille & d'âge à peu près les mêmes, c'eſt-à-dire, d'environ quinze à ſeize ans. Vinrent enſuite ſept troupes de cinquante femmes chacune, & chaque troupe étoit précédée de deux drapeaux anglois : celles-ci, comme les autres, amuſèrent ſa majeſté par leurs chanſons & leurs danſes bouffonnes. Quatre d'entre elles attirèrent particulièrement mon attention : leur habillement étoit trop extravagant pour que je ne le décrive pas. Chacune d'elles avoit une longue queue attachée au derrière, & qui paroiſſoit faite avec une bande de peau de léopard, couſue dans ſa longueur, & rembourée ; d'un coup de hanche, donné avec adreſſe & agilité, elles tournoient avec la vélocité d'une fronde. Ces faiſeuſes de pirouettes eurent part, comme les autres, aux générofités de leur maître, & s'en allèrent également chargées de *coris*. Il y avoit en outre cinquante ou ſoixante femmes employées auprès de la perſonne du roi à faire les meſſages & à donner les préſens qu'il diſtribuoit autour de lui avec beaucoup de générofité.

Quand les femmes eurent passé, les eunuques commencèrent leurs chansons à la louange du roi, dans lesquelles ils faisoient l'énumération de ses titres, & vantoient sa grandeur & ses actions dans les termes les plus remplis d'adulation. Les chansons durèrent jusqu'à ce que les femmes eussent fait les préparatifs nécessaires pour le recevoir dans la place du marché. Le roi alors se retira, & la procession se mit en marche dans l'ordre suivant. Il y avoit d'abord deux carrosses tirés chacun par douze hommes; venoit ensuite la chaise à porteurs, après quoi trois hamacs garantis du soleil par trois magnifiques parasols tissus d'or & d'argent & couverts d'un dais de même étoffe. Chacun de ces hamacs étoit entouré d'une forte garde, au centre de laquelle étoit le roi: mais c'eût été même un crime de chercher seulement à deviner s'il étoit ou dans un carrosse, ou dans la chaise à porteur, ou dans le hamac.

Mon hamac suivoit avec cinq autres appartenans aux grands officiers de l'état, accompagnés d'une foule immense de spectateurs. Nous passâmes au travers du marché d'*Ajavuy*, directement au dessous de cinq gibets, à chacun desquels il y avoit un homme pendu de la manière dont je l'ai décrit ci-devant, & qui avoit été égorgé pour cet effet la nuit précédente. Nous entrâmes ensuite dans une grande parade, dont l'enclos étoit fermé par différentes espèces de draps étendus sur des balustrades faites pour contenir la populace ; il y avoit ensuite une enceinte plus élevée, & formée d'une étoffe plus belle, pour le roi. Personne n'entra dans la grande parade que le *Taméga*, le *Maybou*, l'*Eubiga*, l'*Agaou*, & le *Jahou*, leur suite, moi & mes domestiques ; je me mis à une table qu'on avoit dressée dans ce lieu, & sur laquelle on servit un repas qui auroit suffi à cent personnes de plus. Après que j'eus dîné, *Taméga* & les autres mangèrent ce qui restoit, & l'on distribua à la foule qui étoit en dehors assez de vivres & d'eau-de-vie pour que tout le monde fût pleinement satisfait. Vers le soir, j'obtins la permission de rendre visite à sa majesté, & après avoir passé à peu près une demi-heure avec elle, je retournai dans mon quartier, très-fatigué du bruit & de la marche du jour. En m'en revenant, je passai par l'endroit où j'avois vu, deux jours auparavant, sept hommes & pareil nombre de chevaux liés ensemble : il n'y étoient plus, & l'on me dit que la nuit précédente ils avoient été égorgés ; mais que les corps que j'avois vus suspendus à des gibets, ni les têtes qui étoient exposées dans la maison du roi, n'étoient point celles de ces malheureux.

Il ne m'arriva rien d'important les jours suivans, & je les employai à acheter des esclaves & de l'ivoire ; mais le 12 je fus encore averti de me rendre à la cour pour assister à une autre fête : ce jour-là il n'y avoit que quatre têtes placées à la porte du palais. Les danses & la procession furent à peu près les mêmes que celles que j'avois vues ci-devant, excepté que les habits & les ornemens étoient beaucoup plus brillans. Je ne m'étois pas attendu à voir tant de variété, ni une si grande quantité d'étoffes de soie, de bracelets d'argent, de bijoux, & de coraux ; une profusion aussi grande d'autres colliers de prix & d'ornemens précieux, me causa en effet beaucoup d'étonnement. Il y avoit de plus que l'autre fois une troupe de quarante femmes avec des casques d'argent, qui déployèrent tout le mobilier du roi & ses colifichets, en en portant chacune quelque partie. Les unes avoient des épées très-belles à leur ceinture ; d'autres, des fusils montés en argent ; plus de cent femmes avoient à leurs mains des cannes avec des pommes d'argent ou d'or, & afin que chacune portât quelque chose, il y en avoit qui portoient des chandeliers, des lampes, & autres objets différens qu'elles élevoient en l'air, pour les faire admirer à la multitude étonnée. Nous dînâmes, comme à l'ordinaire, dans la place du marché, & vers le soir, lorsque j'allai trouver le roi, une naine vint au devant de moi, & se mit à exécuter une danse dont elle s'acquitta fort bien: elle me parut n'avoir que trente ans, & sa taille qui n'étoit que de trente-un pouces de haut, étoit assez bien faite, & sans aucune difformité.

Durant ces jours d'amusemens, nous éprouvâmes les effets du vent appelé *Harmattan*, & qui, décrit scientifiquement, fourniroit un chapitre curieux dans l'histoire de la nature. Mais je laisse cette tâche à ceux qui sont plus capables de la remplir que moi, & je me contenterai seulement de chercher à donner quelque idée de ses phénomènes les plus frappans.

Dans cette partie de la côte d'Afrique qui s'étend depuis le *Cap-Verd* jusqu'au *Cap-Lopez*, on voit, dans les mois de décembre, de janvier, & de février, régner souvent un vent qui vient du nord-est, & qui est connu sous le nom de *Harmattan*. Il se fait sentir vraisemblablement dans le midi par delà le *Cap-Lopez*; mais je ne peux rien dire de ce qui arrive dans les contrées que je n'ai pas visitées. Ce vent souffle indifféremment à toute heure du jour ou de la nuit, en tout temps du flux & reflux de la mer, ou à telle époque de la lune que ce puisse être, & il dure un jour ou deux, quelquefois cinq ou six; j'ai su qu'une fois il avoit continué de souffler pendant quinze jours: en général il revient trois ou quatre fois chaque saison. Il ne pleut jamais durant l'*Harmattan*, mais quelquefois il lui succède immédiatement une averse: il souffle d'une force modérée; il n'est même pas tout à fait aussi fort que le vent de mer, qui, dans la belle saison, ou pendant la sécheresse, souffle de l'ouest, de l'ouest-sud-ouest, & du sud-ouest, mais cependant il a un peu plus de force que le vent de terre qui souffle du nord & du nord-nord-ouest vers le soir.

Ce vent est toujours accompagné d'une obscurité & d'une espèce de brouillard dans l'atmosphère; il est très-peu d'étoiles que l'on puisse distinguer au travers de ce brouillard, & le soleil, caché la plus grande partie du jour, ne paroît que pendant quelques heures vers midi, & alors il est d'un rouge léger, & n'excite dans l'œil aucune sensation douloureuse. Pendant que ce vent dure, on n'aperçoit pas de rosée, & l'on ne ressent aucune humidité dans l'air. Le *sel de tartre*, dissous dans une assez grande quantité d'eau, pour couler sur une tuile, &

exposé au *harmattan*, même pendant la nuit, redevient encore parfaitement sec en peu d'heures. Ce vent nuit considérablement aux végétaux de toute espèce; il fait périr toutes les plantes tendres & les semences qui ne font que de germer hors de terre. Les arbrisseaux, dont la verdure est permanente, se ressentent de sa funeste influence. Les feuilles des limoniers, des orangers, & des tilleuls se flétrissent, se sèchent, & tombent à son haleine; leurs fruits, privés de leurs sucs nourriciers, sont arrêtés dans leur croissance, ils atteignent tout à coup à une sorte de maturité, ou plutôt ils deviennent jaunes, & se desséchent avant d'être parvenus à leur entier développement & à moitié de leur grosseur ordinaire. Tout paroît triste & flétri dans la nature : les gazons perdent leur verdure & ne ressemblent plus qu'à du chaume. Les naturels profitent de cette circonstance pour y mettre le feu dans le voisinage des grandes routes. C'est un moyen dont ils se servent pour découvrir & détruire les retraites que les bêtes féroces & venimeuses, ou même les ennemis, se font dans l'herbe. La couverture d'un livre renfermé dans une boîte, & placé entre des habits pour le garantir, se retire & se replie comme si elle eût été mise devant le feu. Les panneaux

des

des portes, des volets des fenêtres, &c., se fendent; & les joints du parquet le mieux fait & dont le bois est le plus sec, se séparent au point que l'on peut mettre le doigt dans l'écartement; les flancs & les ponts des navires s'entr'ouvrent & font eau; les ouvrages en marqueteries tombent en pièces, à cause de la contraction en différens sens du bois sur lequel est le placage. Si l'on n'a pas grand soin d'humecter les vaisseaux où l'on a mis des liqueurs, comme du vin ou des eaux-de-vie, en général ils laissent fuir.

L'air devient beaucoup plus frais pendant que souffle le vent d'*harmattan*, & le thermomètre de *Farenheit* est ordinairement à dix ou douze degrés au dessous de la température ordinaire. Les naturels se plaignent alors beaucoup de la rigueur du froid; ils se vêtissent le plus qu'ils peuvent, pour s'en garantir. Quoique ce changement dans l'atmosphère paroisse très-agréable aux *Européens* qui résident dans ce pays, cependant *ils* ne laissent pas que de partager avec les *noirs* bien des incommodités qui sont l'effet de ce vent; car les yeux, les narines, les lèvres, & le palais se sèchent d'une manière à faire souffrir & à incommoder beaucoup. On sent la nécessité & l'envie de boire souvent, non pas autant pour éteindre la soif, que pour dissiper une douloureuse aridité du gosier. Les lèvres se gercent, & il vient du mal au nez; & quoique l'air soit frais, on éprouve néanmoins une sensation désagréable de chaleur piquante sur la peau, comme si on s'étoit lavé avec de l'esprit de corne de cerf ou une lessive très-forte. Si le vent continue cinq ou six jours, l'épiderme des mains & du visage se sépare de la peau, celui même de tout le reste du corps tombe. Si ce vent dure quelques jours de plus, la transpiration est considérablement diminuée; mais j'ai remarqué qu'en voulant exciter la sueur par l'exercice, elle a une âcreté particulière, & sa saveur est à peu près celle de l'esprit-de-vin délayé dans de l'eau.

Tels désagréables que soient les effets de ce vent singulier sur le règne animal & végétal, il ne laisse pas cependant que de produire beaucoup de bien. L'air est alors extrêmement favorable à la santé; il contribue d'une manière surprenante à la guérison des vieux ulcères & des maladies de la peau. Les personnes qui sont attaquées de diarrhées & de fièvres intermittentes, se rétablissent en général durant l'*harmattan*; & ceux qui ont été affoiblis & relâchés par des fièvres, qui ont été épuisés par les évacuations auxquelles ils se sont soumis pour en guérir, comme particulièrement les saignées (que l'on répète souvent à tort), en réchappent en dépit du médecin. Ce vent arrête les progrès des maladies épidémiques; non seulement la petite vérole, les flux, & les fièvres rémittentes disparoissent, mais ceux qui s'en trouvent atteints quand l'*harmattan* vient à souffler, sont presque sûrs d'en guérir promptement. L'infection alors se répand avec peine. En 1770, j'avois environ trois cents esclaves à bord d'un vaisseau qui étoit en rade à *Juda*, lorsque la petite vérole se manifesta parmi eux; la plus grande partie avoit été inoculée avant que l'*harmattan* soufflât, & environ soixante-dix d'entre eux subirent cette opération peu de jours après qu'il eut régné : les premiers allèrent très-bien pendant tout le cours de la maladie, aucun des derniers n'éprouva ni éruption, ni malaise; nous crûmes que tout étoit fini & que la maladie ne paroîtroit plus; mais peu de semaines après elle reparut. Parmi les soixante-dix inoculés, environ cinquante d'entre eux furent inoculés une *seconde* fois, les autres eurent la petite vérole naturellement; un vent d'*harmattan* survint, & ils se rétablirent tous, à l'exception d'une fille qui eut un ulcère malin dans le lieu de l'insertion du virus, & qui mourut de convulsions quelque temps après. Il peut bien se faire que les effets salutaires de *l'harmattan* ne soient pas universels, sur-tout lorsqu'il sera chargé des effluves délétères de quelque marais infect; mais cela n'arrive pas dans cette partie de l'afrique.

Je suis fâché de ne pas être d'un sentiment conforme à l'autorité respectable du docteur *Lind*, à qui nous sommes tant redevables pour le travail qu'il a fait sur la maniere de conserver la santé des gens de mer. Je présume qu'il n'a appris que par ouï-dire ce qu'il nous rapporte de *l'harmattan*, & qu'il n'a pas parlé d'après sa propre expérience, qui manque rarement d'être très-exacte. S'il avoit éprouvé lui-même les effets de ce vent, il ne les eût pas appelés funestes ni méchans, & il n'eût pas assuré que son souffle dangereux étoit fatal aux *noirs* ainsi qu'aux *blancs*, ou que la mortalité qu'il occasionne étoit en proportion de la densité & de la durée du brouillard qui l'accompagne. On diroit qu'il confond la salubrité de *l'harmattan* avec les funestes effets que produit sur les constitutions le commencement des *pluies périodiques* qui tombent en avril & en mai.

Ces pluies font amenées par de grands coups de vent de nord-est & d'est-nord-est, appelés *tornadoes* (par corruption du mot portugais *trovoada*, orage), qui arrivent ordinairement vers la pleine ou la nouvelle lune, dans les derniers jours de mars & les deux mois suivans. Ces coups de vent font accompagnés d'éclairs & de grands coups de tonnerre auxquels succède une pluie des plus fortes, & qui dure deux ou trois heures. Ces pluies humectent la surface de la terre, qui a été desséchée par les vents d'*harmattan* qui ont précédé, & par six ou huit mois consécutifs de sécheresse sous un climat brûlant; elles dégagent les vapeurs putrides & stagnantes accumulées sur la surface aride de la terre; ces vapeurs, volatilisées par la chaleur du soleil, dont les rayons ne font jamais plus ardens qu'après que le *tornados* vient de passer, portent à l'odorat la puanteur la plus forte que l'on puisse imaginer, & occasionnent plusieurs vomissemens bilieux, des diarrhées, & des fièvres rémittentes & putrides du plus mauvais caractère. Outre ces phénomès, qui reviennent tous *les ans*, il semble qu'il y a une collection de vapeurs pestilentielles, qui restent emprisonnées pendant plus long-temps, & ne s'élèvent le plus souvent au dessus de la surface de la terre qu'au bout de cinq, six, ou sept ans. Les époques que je me rappelle avoir été les plus fâcheuses, furent en 1755 ou 1756, lorsque le gouverneur Melville & la plupart des européens & des soldats de la garnison périrent au *cap de la côte*; & en 1763 & 1769 (1). Dans quelques-unes de ces années (car elles ne sont pas toutes également fatales aux européens établis dans ces lieux), la mortalité a été si grande, que, comme le dit le docteur *Lind*, « il restoit à peine assez de vi-» vans pour enterrer les morts ».

Le brouillard qui accompagne l'*harmattan* est occasionné par une grande quantité de particules qui flottent dans l'air : elles sont si fines, qu'elles échappent au tact, & qu'il ne m'a pas été possible de les soumettre à aucune espèce d'examen : je ne pus jamais parvenir à les examiner au microscope, quoiqu'il y en eût de déposées sur l'herbe, sur les feuilles des arbres, & même sur la peau des nègres qu'elles rendoient blanchâtre ou plutôt grisâtre. Ces particules ou atômes ne vont pas bien avant sur la mer : le brouillard n'est point non plus aussi épais à bord

---

(1) L'année 1775 fut également fatale à bien du monde.

des vaisseaux dans la rade de *Juda*, à deux ou trois milles de distance du rivage, qu'il l'est sur terre, & même il diminue à mesure qu'on s'éloigne en mer du rivage ; & quand on est à quatre ou cinq lieues de distance, on ne le distingue plus, malgré que ce vent se fasse sentir à dix ou douze lieues de distance de la terre.

En faisant les recherches les plus soigneuses concernant la surface du pays, j'ai appris, qu'à l'exception de quelques rivières, de quelques marais, & des lacs de peu d'étendue que l'on rencontre, le pays situé derrière *Juda* est couvert, dans l'espace de plus de quatre cents milles en avant dans les terres, de grandes plaines chargées de verdure, parsemées de quelques bouquets d'arbres, de quelques bois ou forêts. Le terrain s'élève par une pente douce & graduelle pendant l'espace d'environ cent cinquante milles depuis la mer, ce qui donne au pays l'apparence d'une montagne ; & je n'ai pas ouï dire que derrière cette élévation il y eût d'autres rangées remarquables de montagnes. La surface du sol est presque par-tout sablonneuse & légère, & au dessous de ce sable l'on trouve une terre rougeâtre très-fertile. Je n'ai point ouï dire qu'il y eût de déserts arides & sablonneux d'où ces particules pussent être détachées par *l'harmattan*.

Le docteur *Lind* a écrit que l'on dit que « l'*harmattan* provient du conflux de plusieurs » rivières vers *Benin* ». Mais dans cet endroit même, à *Abomé*, j'ai senti que ce vent venoit du nord-est, & plus fort que de coutume, & j'avois alors *Benin* au sud-est ; par conséquent ce n'est pas là l'origine de l'*harmattan*. Sur la côte d'Or, il souffle en général du sud-est ; aux *isles de Cos*, un peu au nord de *Sierre-Leone*, il vient de l'est-sud-est ; & à la rivière *Gabou*, près du *Cap-Lopez*, il souffle du nord-nord-est. Pour moi, je croirois que l'intersection de ces points, ou (encore mieux) une ligne tirée du *Cap-Verd* à l'est, coupée par une autre ligne tirée du centre de la *Côte d'Or* au nord-est, & une ligne tirée du *Cap-Lopez* au nord, désigneroit probablement la source de ce vent extraordinaire : mais ce n'est qu'une simple conjecture de ma part.

Comme les affaires qui m'avoient amené à *Abomé* étoient terminées, & le roi m'ayant promis de prendre les mesures convenables pour empêcher que mes effets ne fussent pas pillés, comme ils l'avoient été par les porteurs depuis le bord de la mer jusqu'aux comptoirs de *Griwhy*, je désirai m'en retourner ; & ayant eu l'attention d'informer sa majesté que c'étoit mon dessein aussi-tôt que l'*harmattan* auroit cessé, je pris congé d'elle. Le vent continua cependant à régner deux jours de plus, ce qui me retint, attendu qu'il eût été trop désagréable de voyager pendant qu'il duroit encore. Dans l'*intérim*, une partie du palais de *Dahomé* prit feu, & la totalité même faillit à brûler. Aussi-tôt que le désordre occasionné par cet événement eut cessé, je crus ne pouvoir me dispenser, par respect, d'aller voir le roi à cette occasion. Je remarquai, ainsi que je m'y étois attendu, que cet accident avoit tout mis en confusion dans le palais ; déjà il y avoit eu plusieurs têtes de coupées, qui étoient éparses çà & là, au nombre de *vingt* pour le moins, & je trouvai le roi fort en colère contre ses femmes, qui s'accusoient, les unes les autres, de négligence, & qui s'efforçoient chacune d'éloigner le blâme de soi. Il ne fut pas aisé sans doute de déterminer comment cet incendie avoit été occasionné, & le roi trouvant difficile de le savoir, & son ressentiment s'étant d'ailleurs un peu appaisé par les victimes qu'il avoit fait immoler aux premiers mouvemens de sa colère, finit par choisir *dix-neuf* de ceux qui résidoient dans le quartier où le feu avoit pris, & me les vendit comme esclaves. Le troisième jour l'*harmattan* céssa, & je me disposai à partir. Le roi eut la bonté de m'envoyer, avant mon départ, un mouton gras, un baril d'eau-de-vie, & cinq cabats remplis de *coris* pour me défrayer de la route; il me fit aussi présent d'une très-belle pièce de coton rayé & d'une très-belle esclave.

Je serois parti pour m'en retourner à *Juda* le 16 février de grand matin, dernier jour des *Coutumes annuelles*, où le roi distribue une grande quantité de présens à ses sujets; mais on exigea que je restasse jusqu'au soir, & je cédai aux instances de ceux qui devoient m'accompagner, & qui espéroient attraper quelque chose dans la mêlée. On élève, dans cette occasion, un grand théâtre auprès d'une des portes du palais; on l'orne avec des drapeaux & des parasols, & on l'entoure avec une barricade d'épines, afin d'en écarter la populace; on entasse sur cet amphithéâtre une grande quantité de marchandises & d'objets d'Europe, de l'Inde, beaucoup de beaux draps de coton, qui sont fabriqués dans le pays d'*Eyo*, une quantité immense de *coris*. Lorsque tout est disposé, le roi vient sur l'amphithéâtre, accompagné des gouverneurs ou des capitaines de vaisseau qui se trouvent alors dans le pays; le *Taméga*, le *Maybou*, & quelques autres de ses principaux officiers sont également avec lui, &

il donne à chacun d'eux, selon son rang, à choisir ou du drap d'*Eyo*, ou d'un chapelet de grains de corail ; ses officiers en sous-ordre sont appelés parmi la foule qui est au dessous, & reçoivent chacun une pièce de coton & quelques *coris*, comme une marque d'estime & d'approbation de la part de leur maître. Le roi répand ensuite de sa propre main, parmi le peuple, des *coris*, & les femmes se mettent alors à répandre le reste des présens parmi la foule. Il est permis aux blancs qui s'y trouvent, & au *Taméga*, ainsi qu'à ses compagnons, de faire comme elles, & de les aider dans cette distribution, s'ils le veulent. Enfin, comme il n'y a aucun de leurs spectacles qui ne soit accompagné de quelque *cruauté*, on jette du haut de l'amphithéâtre un homme pieds & mains liés, un crocodile muselé, & une paire de pigeons dont on a rogné les ailes ; alors il s'ensuit plus d'efforts & de confusion, s'il est possible, qu'il n'y en avoit auparavant, parce que chacun veut avoir la tête de ces victimes, ce qui divertit infiniment le roi ; & quiconque est assez heureux pour en avoir saisi une, reçoit un présent considérable quand il la rapporte. C'est le dernier sacrifice humain des *coutumes*, & c'est une partie de la cérémonie à laquelle les *blancs* ne se soucient jamais d'assister. Cependant, s'il faut en croire ce qu'on en dit, il ne reste presque jamais rien de la carcasse de la victime humaine, parce que chacun veut en avoir un morceau.

Je partis dès le même soir, & me rendis à *Agrimé*, qui est placé à l'entrée de la forêt; après avoir pris quelques heures de repos, nous nous levâmes avant le jour, afin d'avoir fait une partie de ce voyage fatigant avant que le fort de la chaleur fût venu, & nous ne nous arrêtâmes que lorsque nous fûmes arrivés à *Whibo*, chez mon vieil ami *Jabrakou* avec qui je passai le reste du jour & une grande partie du lendemain: cependant je ne pus pas rester pour l'accompagner à une grande chasse du buffle, dont il faisoit les préparatifs. J'arrivai à *Ardra* le 17 au soir, où nous éprouvâmes un événement qui auroit pu se terminer d'une manière bien plus fâcheuse qu'il ne le fit. J'avois fait suspendre mon hamac dans l'appartement destiné aux blancs, qui est à côté de la maison du *Maybou*. Comme il faisoit très-chaud, les porteurs de hamac & de ballots, &c., avoient préféré étendre leurs matelas & coucher en plein air sous le portique & dans la petite cour qui est au devant : lorsque nous fûmes tous endormis, à l'exception du capitaine de la troupe, qui, après avoir fait un léger somme, se régaloit en fumant une pipe, un léopard sauta par-dessus la muraille, passa sur le corps de tous ceux qui dormoient dans la cour, sans leur faire aucun mal, se saisit du mouton gras que le roi m'avoit donné & qui étoit attaché dans un coin de la cour, & l'emporta dans un instant en ressautant par-dessus la muraille, qui avoit huit pieds de haut, avant même que l'homme qui l'aperçut eût le temps de lui tirer un coup de fusil.

Le jour suivant, qui étoit le 18 février 1772, j'arrivai sain & sauf à mon comptoir, & c'est ici que finit mon récit. Cependant je crois devoir encore ajouter quelques pages, pour rapporter quelques autres aventures qui m'arrivèrent dans les autres voyages que j'eus encore occasion de faire à *Dahomé*. Je fus dans le cas d'aller une autre fois à *Abomé*, en décembre 1773. Le roi étoit alors malade, & succombant sous le poids des années comme sous celui des infirmités, il ne sortoit plus de sa chambre ; cependant il voulut me voir, ce qui me donna lieu de connoître l'intérieur de son appartement. Il avoit une chambre très-propre, dans laquelle il dormoit, qui étoit séparée de la cour, dans laquelle elle étoit placée, par une muraille d'environ quatre pieds de haut, & dont le sommet étoit tout hérissé *de mâchoires humaines inférieures*, & le petit espace qui étoit entre la muraille & la chambre, étoit tout pavé de *crânes*, qui, à ce que je compris, étoient ceux des rois voisins & d'autres personnes de distinction & de rang, qui avoient été faites prisonnières dans le cours de ses guerres, & qu'on avoit ainsi placés, afin qu'il pût jouir de la satisfaction barbare de fouler à ses pieds, quand il lui plaisoit, les têtes de ses ennemis. Le roi ne survécut pas long-temps à mon entrevue; il languit jusqu'au 17 mai 1774, où il mourut âgé d'environ soixante-dix ans, dont il en avoit à peu près régné quarante. Son fils *Adanzou* lui succéda.

Au moment où le roi expire, une scène horrible commence dans le palais, & dure jusqu'à ce que le *Taméga* & le *Maybou* aient annoncé sa mort à son successeur, & que celui-ci ait pris possession du trône: c'est ce qu'il se hâte de faire, afin de mettre fin au désordre qui se passe. Les femmes du défunt commencent d'abord par briser & détruire l'ameublement du palais, les ornemens & ustensiles d'or & d'argent, les coraux, & enfin tous les effets précieux qui ont appartenu à elles-mêmes ou au feu roi; ensuite elles se *tuent entre elles* (1).

---

(1) *Bosman*, auteur dont le crédit est établi, dit en parlant des coutumes de *Juda*, avant que la conquête en fût faite, que « lorsque le roi de ce pays » vient à mourir, & aussi-tôt que la nouvelle en » est publiquement répandue, chacun se met à piller » autant qu'il peut les biens de son voisin, sans en- » courir aucune punition. Cette scène de vol, de » rapine, & de confusion, continue jusqu'à ce que » l'on ait confirmé sur le trône un nouveau roi, qui » la fait cesser à l'instant par une proclamation pu- » blique, & qui est strictement obéi ». Il ajoute, » que la succession à la couronne paroît dépendre » des grands officiers & de leurs partisans, en sorte » que souvent c'est le plus jeune des enfans du roi » qui lui succède, au lieu de l'aîné qui en est exclu ». L'anarchie momentanée & le désordre qui arrivent ordinairement toutes les fois que le trône vient à vaquer par la mort du souverain, peut bien avoir pour principe (comme je l'ai déjà donné à entendre dans une note précédente), ou d'accélérer le choix d'un successeur, afin, par ce moyen, de prévenir une guerre civile, ou de confirmer l'attachement du peuple à la forme du gouvernement monarchique, en le dégoutant des troubles & de la licence qui accompagnent une *démocratie*. Mais ce n'est là qu'une pure conjecture, & peut-être rien autre chose que ce qui ar-

Adanzou, ayant été nommé roi, courut avec sa garde aux portes du palais qu'il fit enfoncer, &, en en prenant possession, mit fin au carnage; mais avant d'avoir fait cela, il y avoit déjà une grande partie de meubles de détruits, *& deux cent quatre-vingt-cinq femmes d'égorgées*. La chaise à porteurs fut épargnée, & ce fut avec elle qu'*Ahadée* fut enterré, accompagné, à ce qu'on dit, de *six* de ses femmes qui s'ensevelirent toutes vives avec lui, ainsi que de celles qui s'étoient tuées dans les premiers momens du désordre.

Le nouveau roi hérita du penchant que son père avoit pour la guerre, & trouva bientôt une occasion pour satisfaire cette passion. Dans l'automne de 1774, le roi des *judaïques* exilés, qui s'étoient enfui de leurs pays lors de la conquête de l'empire *Dahoman*, mourut. Ces peuples occupent un petit territoire & très-marécageux entre *Juda* & *Popoe* ; ils vivent en bonne intelligence avec les *Popoes*, qui leur prêtent du secours quand ils veulent faire des incursions &

---

riveroit parmi des esclaves quelconques qui se verroient délivrés tout à coup de la crainte d'une puissance coercitive & despotique.

des déprédations chez les *Judaïques*. Les *Daho-mans* ne manquent jamais de tirer quelque avantage de toutes les diffentions qui arrivent parmi ces peuples, & il en arriva une lors de la mort de leur roi; car il y eut alors deux concurrens pour le trône : *Abavou* (nom qui signifie chien de marais), qui étoit fils de celui qui tua son propre frere à *Xavier* & mangea son cœur, comme nous l'avons dit dans les *Mémoires d'Ahadée*, & un autre appelé *Eyée* (ou *Singe*) qui étoit également parent du défunt. Le plus grand nombre de partisans fut pour le premier, qui chassa son rival. *Adanzou*, résolu de soutenir ses prétentions, sans s'embarrasser si elles étoient bien ou mal fondées, envoya une armée à son secours. *Abavou* & son parti furent obligés de fuir à leur tour. Dans la premiere campagne, les *Dahomans* les obligerent de quitter le continent, & les forcèrent de se réfugier dans une île appelée *Foudou-Coug*, ou *île des fétiches*, qui est située dans un *lagon*, ou large étendue d'eau, formée par une rivière du pays. Ils se maintinrent dans cette île, & y furent inaccessibles durant les pluies périodiques, parce que les *Dahomans* n'avoient pas de canots, & que quand ils en auroient eu, ils n'auroient pas su s'en servir : mais aussi-tôt que les eaux eurent baissé, ils commencèrent une entreprise difficile. L'armée avoit été renforcée d'un nombre prodigieux de soldats ; ils se mirent à couper les arbres qui étoient sur l'un & l'autre bord du lagon ; ils en firent des pilotis, & formèrent au dessus deux ponts ou chaussées qui aboutissoient à chaque côté de l'île ; enfin, après un combat opiniâtre & sanglant, où il périt beaucoup de monde, cette île fut emportée.

Abavou & son parti se retirèrent sur environ huit cents canots qu'ils avoient avec eux, & restèrent sur le *lagon* ; mais les *Dahomans* prévinrent leur fuite par la précaution qu'ils avoient prise de planter des piquets dans un endroit resserré de la rivière, à quelques milles au dessous, dont ils interceptèrent le passage en s'emparant de l'une & l'autre rive. Les *Judaïques* restèrent quelques mois dans cette rude situation, ne vivant que des poissons qu'ils pêchoient dans la rivière ; ou en débarquant à terre, malgré la résistance des *Dahomans*, qu'ils battoient quelquefois dans leurs quartiers, & profitant de quelques jours qu'ils se faisoient au travers des ennemis, pour aller chercher quelques petites provisions.

Enfin *Abavou*, voyant ses troupes épuisées par la faim & la fatigue, n'ayant d'ailleurs aucun espoir de les tirer de détresse, résolut de se rendre. Il remercia ses amis des services qu'ils lui avoient rendus, & leur dit que la seule manière dont il pouvoit leur rendre l'attachement & la fidélité qu'ils avoient eus pour lui, étoit de se rendre à *Adanzou*, & de tâcher d'obtenir de lui qu'il acceptât *sa* vie pour gage de leur paix & de leur salut. Après avoir pris cette résolution, il débarqua sur le rivage, & alla trouver l'*Agaou* (général des *Dahomans*). Celui-ci l'envoya au roi, qui lui fit trancher la tête. Les partisans d'*Abavou* se rendirent à discrétion, & furent faits prisonniers, en attendant que le roi en disposât selon qu'il lui plairoit.

Quoique tout cela se passât à quelques milles seulement de *Juda*, & que nous ne manquassions pas de savoir tous les détails & les progrès de cette guerre, car il n'y avoit rien en effet dont nous pussions nous occuper d'ailleurs (*la traite étant entièrement suspendue pendant que le pays est en guerre*); cependant *Adanzou*, pour satisfaire à sa vanité, envoya ses *hérauts d'armes* annoncer sa victoire aux gouverneurs des forts de l'endroit, & leur fit signifier qu'il désiroit qu'ils témoignassent la joie que leur causoit l'événement, ce qui fut fait par une décharge royale de l'artillerie des forts & du canon des vaisseaux qui étoient dans la rade.

Peu de temps après, il jugea à propos de m'envoyer un courrier, pour me dire qu'il désiroit me voir, & je me rendis en effet auprès de lui vers la fin de décembre 1775. Dès notre première entrevue, il me demanda si je n'avois jamais vu *Abavou*? Lui ayant dit que non, il ajouta : « Dans ce cas-là vous allez le voir ». Je savois qu'*Abavou* avoit été mis à mort depuis un mois au moins, & je n'étois pas curieux de voir ses restes ; cependant je n'osai pas m'opposer à l'intention du roi. Quelques femmes, auxquelles il donna ses ordres pour cela, revinrent bientôt d'un appartement intérieur du palais, portant un vase de cuivre large & profond, qui contenoit un paquet beaucoup plus volumineux qu'une ruche à miel, & orné de deux morceaux de soie, chacun de la grandeur d'un mouchoir. Ce paquet étoit composé de diverses pièces d'étoffes, dont celle de dessus étoit de coton : intérieurement c'étoient des enveloppes de soie qui, déployées, laissèrent à découvert la tête d'*Abavou*, posée sur un bassin de porcelaine. Elle étoit parfaitement conservée, aussi bien desséchée qu'une momie d'Egypte, & les cheveux soigneusement arran-

gés. « *Voilà ce camarade* », dit le roi qui
» m'a donné tant de tablature ». Il paroît,
lui répondis-je, que vous en prenez grand
soin actuellement qu'il est en votre pouvoir.
« Oui, dit-il, je suis guerrier moi-même, &
» si je tombois un jour entre les mains de mes
» ennemis, je voudrois être traité avec la
» même *décence* dont je donne ici l'exemple ».

Il donna ordre qu'on me montrât un grand
nombre de prisonniers qui s'étoient rendus dans
cette occasion. Je ne voulus pas en acheter,
parce qu'ils me parurent très amaigris & malades. « Puisque c'est ainsi, me dit le roi, je
» leur ferai couper la tête ». Je tâchai de le
détourner de ce dessein, & je lui conseillai de
les occuper à faire bouillir du sel, puisqu'ils
étoient du pays où il se fournissoit de cet article, ou de les employer à quelque autre travail. Il me répondit, « que ce seroit donner
» un mauvais exemple que de conserver chez
» soi des gens qui pourroient tenir des propos
» séditieux ; que *son* gouvernement étoit d'un
» genre particulier, & que ces étrangers pour-
» roient répandre parmi ses sujets, des préjugés
» qui lui seroient contraires, & leur inspirer
» des sentimens imcompatibles avec les lois
» qu'il avoit établies ». Je ne saurois dire quel

fut le fort de ces malheureux ; je fais feulement qu'ils ne furent *point* employés à *faire bouillir du fel*, & je ne doute pas que quelques-uns d'eux n'aient été vendus par la fuite & emmenés comme efclaves dans les indes occidentales, après que leur fanté & leur force fe furent rétablies ; mais ceux qui ne trouvèrent pas d'acheteurs, furent infailliblement mis à mort, & les *coutumes annuelles*, qui alloient bientôt arriver, en firent demander fans doute deux ou trois cents, pour arrofer de leur fang les tombeaux des ancêtres d'*Adanzou*.

SUPPLÉMENT.

J'AJOUTERAI, en manière de supplément, quelques autres détails particuliers qui ont du rapport avec ce que j'ai dit précédemment. On a vu que les conquêtes des *Dahomans* s'étoient étendues principalement sur les états maritimes ; circonstance qui doit paroître assez singulière, si nous n'avons égard qu'à la civilisation comparative de ces royaumes, en conséquence de leur rapport avec les Européens, & de la facilité que ces peuples ont à se fournir, par le commerce, d'armes à feu & de munitions pour se défendre. Mais il paroît véritablement qu'en proportion de ce que les peuples ont fait des progrès dans la civilisation & se sont adonnés à l'agriculture & au commerce, ils ont perdu de l'ancienne férocité de leur caractère, qu'ils sont devenus voluptueux & efféminés, & qu'ils ont perdu jusqu'à la moindre étincelle de leur ardeur martiale. Le royaume de *Juda*, quoiqu'en état de mettre aisément sur pied deux cent mille hommes de troupes, ne se sert cependant pour se défendre que de soldats à la paye, tandis que d'une autre part les nations de l'intérieur de l'Afrique, qui n'ont pas été subjuguées par les armées *Dahomanes*, n'ont éprouvé aucun changement dans leurs mœurs. Les frontières de ce royaume sont habitées du côté de l'est, entre *Dahomé* & *Benin*, par les *Eyos* ou *Eyoes*; à l'ouest par les *Mahées* ou *Mahis*, & les *Tappas*, dont les territoires sont contigus à celui des *Eyos*. Ces derniers sont une nation très-courageuse, & qui donna la première un échec à l'ambition de *Guadja Trudo*. Ce sont probablement les *Yahoos* de *Snelgrave*, qui peut-être a emprunté le nom du voyage de *Guliver*, par *Swift*, dont l'ouvrage parut en même temps que le sien. Leur forme de gouvernement n'est pas très-différente de celui de *Dahomé*, dont le despote a, jusqu'à ce jour, exigé pendant plusieurs années un tribut annuel, comme pour gage de paix. Ces peuples cultivent le coton & une autre plante dont ils font ensemble une étoffe que les naturels emploient pour leur usage. Ceux d'entre eux qui sont négocians, font un grand commerce d'esclaves qu'ils vendent aux facteurs de *Dahomé*. Les *Mahées*, ainsi que je l'ai déjà dit, forment une puissance confédérée de plusieurs états unis & indépendans, dont la forme de gouvernement paroît être du genre féodal. Leurs chefs possèdent des vassaux ou esclaves, mais ils ne les traitent pas avec la sévérité des *Dahomans.* Cependant ils vendent des esclaves en assez grand nombre aux facteurs de *Dahomé.* Mais il arrive souvent des révolutions, & par des motifs de si peu de conséquence parmi ces nations barbares, qui n'ont pas encore découvert les moyens de constituer, par des traités réguliers offensifs & défensifs, une balance politique de puissance pour leur conservation & leur tranquillité réciproque, qu'on ne peut pas croire qu'ils jouissent de rien qui ressemble à une forme régulière de gouvernement : ils sont toujours flottans entre les succès alternatifs des attaques & des incursions étrangères. Les *Eyoes* sont dans ce moment engagés dans des hostilités contre les *Mahées*, & ils y mettent la fureur ordinaire des sauvages. Au commencement des pluies périodiques de l'année dernière (au mois de mai 1788), ils avoient ravagé jusqu'à quatorze districts, brûlant & détruisant une multitude de villes & de villages ; ils continuoient leurs progrès en commettant tant de ravages & d'horreurs, que le tyran de *Dahomé* n'étoit pas sans de violentes craintes pour la sûreté personnelle. On ne sait pas grand'chose des *Tappas.* On croit que c'est la même nation dont parle *Snelgrave* sous le nom des *Tuffos*, parti très-considérable, surpris & mis en déroute par les forces de *Quadja-Trudo*, dont dix-huit cents captifs furent emmenés dans le camp du roi ; & de ce nombre, il y en eut au moins quatre cents qui furent sacrifiés à l'instant. Les autres furent retenus ou vendus comme esclaves. Il faut cependant que cette nation ait acquis une importance assez grande, puisqu'elle retire un tribut annuel des *Eyoes*.

La langue que l'on parle en général dans l'empire *Dahoman* est l'*Ajira*, qui est un vrai dialecte du royaume d'*Ardre*, qui s'étendoit autrefois depuis la rivière *Volta* jusqu'à *Lagos* : il règne encore dans tout ce même espace de pays, quoique corrompu, à la vérité, par les idiomes provinciaux qui s'y sont introduits & qui l'ont altéré, par le mélange de différens peuples. *Ajira* étoit jadis une ville grande & très-peuplée avant la destruction du royaume d'*Ardre* par les *Dahomans* en 1724 ; c'est même encore aujourd'hui un lieu assez considérable. Elle est éloignée de *Grigue* (la capitale du pays de *Juda*) d'environ sept heures de chemin. Je calcule environ cinq milles par heure *au moins*, en me faisant porter par des hommes dans un hamac. Mais il est vrai que cette partie de la route que l'on fait au travers de la grande forêt (& qui est marqué sur la carte) est si mauvaise que je suis assuré que ma manière de calculer les distances, n'alla pas au dela de quatre milles par heure pendant les cinq que j'employai pour la traverser. *Juda* est un royaume ancien, & qui étoit borné à l'ouest par celui de *Popo*, avant de devenir une province du royaume de *Dahomé*. Il a une étendue d'environ dix milles sur les bords de la mer, mais dans sa division intérieure, il en a environ dix ou douze de large (quoiqu'un peu moins dans d'autres endroits), & comprend soixante mille acres carrées. La population de *Juda* étoit si grande, que l'on comptoit dans un seul village autant d'habitans qu'on en trouve ordinairement dans tout un royaume de la *Côte d'Or*. Il y avoit plusieurs de ces grands villages également bien peuplés, indépendamment d'un nombre infini d'autres plus petits, dont la plupart n'étoient qu'à une très-petite distance les uns des autres. Le roi assuroit *Bosman* (vers l'année 1693) qu'un de ses vice-rois, avec ses fils & petit-fils (sans compter ses descendans femelles), formoit un corps de *deux mille* personnes, toutes vivantes. Telle surprenante que puisse *nous* paroître cette anecdote, elle ne parut pas du tout incroyable à ceux qui savoient que les hommes de la classe commune avoient en général quarante ou cinquante femmes chacun; tandis que leurs supérieurs en avoient trois ou quatre cents, & quelques-uns même jusqu'à mille: le roi lui-même en avoit dans son *harem* quatre à cinq mille. La plupart de ces femmes étoient occupées à labourer la terre pour leurs maris : celles dont la beauté distinguée les élevoit au rang de favorites, demeuroient à la maison, mais n'étoient pas cependant entièrement dispensées des occupations serviles, & accompagnoient leurs maris par-tout où ils alloient. — Indépendamment des travaux du labourage, elles étoient aussi occupées à filer du coton, à tisser des vêtemens, à brasser le *pitto* (espèce de bière qui étoit la boisson ordinaire), à préparer les alimens, à vendre & à porter les marchandises au marché (1). Les travaux des hommes consistoient à fabriquer, quoique grossièrement, des ustensiles domestiques avec des fruits de calebasse ; des *hassagys* (ou javelines), & plusieurs autres articles. C'étoient les plus riches & les plus éclairés des noirs de la côte où l'on fait la traite, & cette supériorité sur les autres provenoit d'une

---

(1) Les naturels alléguoient, pour raison de l'usage qu'ils faisoient d'un breuvage artificiel, que l'eau de leurs puits étoit trop fraîche pour qu'il n'y eût pas de danger à la boire.

longue habitude avec les européens de différentes nations. *Sabes*, qui étoit alors la métropole de ce royaume, la résidence du monarque, & le centre du commerce, avoit environ quatre milles de circonférence ; les maisons, dont les murs étoient de boue, étoient couvertes de chaume ; celles qui servoient de comptoirs aux négocians européens, étoient spacieuses & bien aérées, distribuées en appartemens commodes, & entourées, en dehors, d'une grande galerie en forme de balcon. La ville étoit tellement remplie d'habitans que l'on avoit de la peine à passer dans les rues. Il y avoit chaque jour des marchés où l'on mettoit en vente des marchandises de toute espèce, européennes & africaines, indépendamment d'une grande quantité de provisions de tout genre. A côté des comptoirs étoit un grand espace orné de beaux arbres élevés qui fournissoient un ombrage frais aux gouverneurs, aux facteurs, & aux capitaines des vaisseaux anglois, françois, & portugais. C'étoit là qu'ils se promenoient & discouroient sur leurs affaires. Le nombre prodigieux de grands arbres de toute espèce qui sembloient avoir été plantés dans ce lieu tout exprès pour le décorer ; les tranchées dont le pays étoit entrecoupé, & qui n'étoit rempli que de ronces, ou de plantes venimeuses (ce qui est bien différent des autres lieux de la Guinée); des champs couverts de la verdure la plus éclatante, cultivés dans toute leur étendue, & séparés uniquement par un fossé ou un sentier; des plaines embellies d'une multitude étonnante de grands & petits villages, dont chacun étoit entouré d'une muraille de torchis, & placés de manière à être en vue à tout le district; tout cela se réunissoit pour former le coup-d'œil le plus pittoresque que l'on pût imaginer, & que la plus petite montagne même n'interceptoit pas; le pays s'élevant par degrés, & prenant un penchant presque imperceptible, depuis le bord de la mer jusqu'à la distance d'environ quarante ou cinquante milles; il n'y avoit pas un seul endroit de tout le royaume qui n'eût de l'eau à la portée seule de la vue. Tel est le paysage que nous a tracé *Bosman*, & qui a été fini par *Smith*, qui peut-être l'a relevé par les couleurs trop brillantes d'une imagination trop ardente; car il ne lui fut pas possible de voir ce pays de ses propres yeux, si ce n'est après l'entière démolition de la ville, & la désolation complète du royaume par les barbares de *Dahomé*. Lors de l'arrivée de ce voyageur sur la côte, cet élysée avoit disparu; les champs étoient sans culture, ils n'étoient couverts que d'herbes sauvages, & semés de squelettes humains; l'atmosphère même y étoit empoisonné d'exhalaisons mortelles pour les européens qui furent curieux de visiter ces lieux; mais il est constant que c'est le pays le plus fertile possible. La chaleur du soleil y est presque insoutenable pour les étrangers; cependant *Juda* n'est pas actuellement une résidence désagréable à bien des égards. La société des habitans des forts est d'un grand secours pour se délasser des affaires. Le marché y est bien fourni; car le pays y abonde en venaison, en moutons, en excellentes chèvres (dont la chair est extrêmement délicate), en cochons sauvages & domestiques, en volailles de différentes espèces, & en quantité de trèsbon poisson (1). Tous ces articles sont d'un prix raisonnable. Avec un seul baril d'eau-de-vie on peut acheter une tortue du poids de cent livres; de sorte que l'on peut y nourrir les équipages des vaisseaux avec des provisions nouvelles en abondance, & à meilleur marché que dans aucun

---

(1) *Atkins* dit qu'une vache qui pèse trois cents livres est regardée comme une belle bête, & qu'un mouton ne pèse pas plus de douze livres environ. Il est vrai qu'ils sont petits, mais ils sont pleins de jus & d'un goût excellent.

autre endroit de la côte. Ce pays n'est pas non plus dépourvu des diverses productions propres au commerce & aux manufactures. Parmi celles qui, dans un examen léger & imparfait de l'endroit, ont le plus frappé l'attention des négocians européens, sont :

La plante de l'*indigo*, qui est extrèmement commune, mais que les naturels ne savent & n'ont ni aptitude à savoir préparer pour mettre en vente.

Le *tabac*, qui y croît de lui-même dans plusieurs endroits; cette production n'exige pas moins que l'autre la manipulation des européens, pour pouvoir devenir un objet de commerce.

Les naturels, non seulement y cultivent le *coton*, mais ils en font même des toiles pour leur usage.

Le *poivre* y croît en une espèce très-semblable & qu'on a bien de la peine à distinguer, par l'odeur, de celui des Indes orientales.

Il y croît une espèce de *baye* qui sert de sucre aux naturels. Ce fruit est insipide en lui-même quand on le mâche, mais il laisse après lui dans la bouche une certaine douceur.

L'huile de palme est encore une autre production essentielle, & l'on en exporte une très-grande quantité

quantité pour l'usage des dégraisseurs de laines & des savonneries.

Les *fourrures*, telles que les peaux de tigre & de léopard, &c., ne sont pas d'une grande importance ; mais si nous considérons la profusion immense d'autres productions utiles que la nature répand dans ce pays fertile, nous ne pouvons nous empêcher de déplorer l'extrême indolence des naturels, qui ne connoissent pas, ou qui voient d'un œil indifférent tous les biens & les trésors qui les environnent.

Les hommes passent leur temps à dormir & à fumer ; les femmes (sur lesquelles roulent tout le travail de l'agriculture) se contentent de semer une fois l'an un peu de blé dans la terre : tel est en général l'engourdissement qui caractérise ce peuple, & qui sembleroit justifier une remarque commune, que dans l'Afrique les habitans ont de l'aversion pour le travail, en proportion que le sol est fertile.

On dit que dans le temps que *Juda* étoit dans l'indépendance & la prospérité, c'est-à-dire, avant l'invasion (1) des *Dahomans*, on en exportoit assez régulièrement mille esclaves par mois

---

(1) Voyez *Bosman*.

L

durant toute l'année. Le nombre qu'on en exporte actuellement ne va guere qu'à environ cinq mille cinq cents par an. Ainſi, la conquête que le roi de *Dahomé* a faite de ce royaume, a diminué le trafic des eſclaves, non en y ſubſtituant un commerce plus innocent, mais par un carnage & une dévaſtation la plus horrible peut-être que l'on puiſſe rencontrer dans l'hiſtoire des hommes.

OBSERVATIONS

SUR

LA TRAITE DES ESCLAVES,

Avec une Description de quelques parties de la Côte de Guinée, durant un voyage fait en 1787 & 1788 avec le docteur A. Sparrman & le capitaine Ar. Ehenius;

Par M. C. B. Wadstrom, premier directeur de l'essay royal & de l'affinage; membre de la chambre royale du commerce & de la société royale patriotique, pour perfectionner l'agriculture, les manufactures, & le commerce en Swede;

Traduites de l'Anglois par M.***.

ÉPITRE DÉDICATOIRE
AUX DAMES.

O vous, dont la source des pensées est dans l'affection la plus délicate, la plus pure, & la plus désintéressée, dont l'ame fut formée pour le sentiment & la vertu, dont toutes les actions se ressentent de l'influence de l'amour; vous, la portion la plus aimable de l'espèce humaine, permettez à un habitant de la zône glaciale de l'Europe, de vous adresser quelques lignes en faveur de l'émancipation des Esclaves. Ce n'est point d'après des principes fondés sur de simples conjectures, qu'elles ont été tracées; ce ne sont point non plus des motifs d'intérêt qui les ont dictées, mais elles procèdent d'un cœur vivement touché de compassion pour les maux de ses semblables. Poussé à cette entreprise, sur-tout par votre exemple, par le spectacle de votre assiduité à remplir chaque jour vos devoirs, soit comme épouses fidèles, soit comme mères tendres, je me suis hasardé à mettre sous votre protection ces premiers fruits de mes travaux, bien convaincu qu'aucun homme ne peut rien entreprendre en faveur de l'humanité, sans cette douce influence de sentimens tendres & généreux dont on ne reconnoît pas assez l'empire, mais que vous inspirez sans cesse. Puissiez-vous donc désormais guider ma plume dans tous mes ouvrages futurs, en enflammant mon cœur du noble feu de la philantropie universelle, dont le vôtre ne cesse de brûler. Qui peut mieux enseigner à l'homme l'amour de ses semblables, que celles qui sont les modeles mêmes de cet amour ? — O précieuse moitié de l'espece humaine, prouvez à l'autre, je vous en conjure, qu'il ne peut y avoir dans tout l'univers qu'un seul & même empire, celui d'un amour pur & désintéressé, dont vous seules êtes les véritables modèles, & le foyer où se concentre ce feu divin, ce don du ciel, l'essence même de la divinité.

PRÉFACE.

EN communiquant au public le résultat de mes observations faites en dernier lieu dans un voyage à la Côte de Guinée, avec deux de mes compatriotes, je n'ai pas eu l'intention d'ajouter, sans des raisons suffisantes, aux écrits nombreux qui viennent d'éclairer l'Europe sur un sujet qui mérite son attention & les recherches impartiales qu'elle a faites avec tant de zèle.

Animé du désir de défendre la cause de l'humanité souffrante, je n'ai d'autre but en vue que de contribuer en quelque chose au plan que d'autres ont si bien concerté, en publiant ce que ma propre expérience m'a suggéré; en un mot, mon dessein n'a été que de rapporter ce que j'ai vu, & de montrer, sans aucun prétexte vain, quelles sont mes idées sur un projet si bien calculé pour intéresser les cœurs qui se plaisent à croire à ses succès.

Comme cette matière a déjà été traitée très-amplement, mes lecteurs ne doivent pas s'attendre à ne trouver que du nouveau dans tout le cours de ces observations ; mais ayant été dans une situation assez favorable pour pouvoir m'informer pleinement de la nature du commerce des esclaves, de la manière dont les Nègres sont traités par les Européens, & plus particulièrement encore de la possibilité d'améliorer, par la culture, le sol fertile de l'Afrique, je ferai tous mes efforts pour traiter ces sujets importans d'une manière intéressante & neuve.

Plût au ciel qu'il fût en ma puissance de représenter, sous des couleurs assez frappantes aux yeux des deux nations les plus respectables de l'Europe, le tableau effrayant que je me suis retracé de cet infâme trafic, & de prouver par-là que les horribles marchés de chair humaine conſtituent le dernier période du plus faux des principes, du plus grand des abus, de l'inverſion de tout ordre, & prend uniquement ſa ſource dans ce ſyſtême corrompu de commerce qui règne aujourd'hui parmi toutes les nations civiliſées. Et effet, lorſque les principes du commerce furent une fois détournés du noble but de ſon inſtitution, inſtitution qui favoriſoit la libre circulation des denrées, l'étendue des connoiſſances, la richeſſe & la proſpérité des nations ; & lorſque l'eſprit d'intérêt perſonnel & de monopole l'éloignèrent de ce but univerſel qu'on n'eût jamais dû ceſſer d'avoir en vue, pour le fixer particulièrement chez quelques nations, où il ſuivit inſenſiblement les degrés de leur corruption, il ne devint plus que l'objet de l'avarice des particuliers, ſéparé du bien général. Peut-on s'étonner alors qu'il ſe ſoit enfin avili au point de considérer l'homme lui-même comme une marchandise ? Cet abus détestable peut être regardé comme une suite de l'amour dégénéré de *dominer* & de *s'emparer* des propriétés d'autrui, qui, au lieu de répandre l'influence naturelle de la bienveillance & de la liberté, ne produit au contraire, par son renversement, que toutes les horreurs de la tyrannie & de l'esclavage.

Persuadé que le moment est arrivé, où l'homme commencera à faire un usage réel des progrès qu'il a faits dans les sciences & de la multiplicité de ses découvertes; persuadé que le mal qui commence à infester l'espèce humaine, n'a d'autre base que l'exécrable trafic qui n'est exercé aujourd'hui qu'aux dépens de la liberté des hommes, & convaincu en même temps de l'existence d'une providence qui dirige toutes choses selon le but universel qu'elle se propose dans ses décrets impénétrables,

& que nous ne sommes que les instrumens dont elle se sert pour accomplir ses desseins profonds ; convaincu, dis-je, de toutes ces vérités importantes, & enflammé de l'ardent désir de concourir à l'exécution de cette grande & noble entreprise (d'abolir la traite), je suis non seulement prêt à me dévouer entièrement à la défense de cette cause, mais encore à exciter tous ceux dans l'ame desquels il reste encore quelque étincelle d'humanité, à réunir la prudence & l'activité pour accomplir le grand œuvre qui a pour but d'exterminer tout *mal* & tout *faux principe*, & de préparer les hommes à admettre avec empressement dans leur société tout ce qui est *bon* & *vrai*.

Quand je réfléchis sur l'importance, l'étendue, & la grandeur de ce sujet, j'ai du regret d'être obligé de le traiter d'une manière aussi rapide & aussi incorrecte ; mais pressé par le temps & les circonstances, j'espère que mes lecteurs, sans partialité, accueilleront avec indulgence mon ouvrage, en convenant de la nécessité de le faire paroître dans ce moment critique où toutes les grandes sociétés de l'Europe s'intéressent si vivement à la cause touchante de l'humanité & de la liberté, en recherchant à l'envi l'une de l'autre l'honneur de plaider auprès des cœurs sensibles, en faveur des nations les plus opprimées de l'univers.

Je crois devoir dire ici que je suis dans l'intention de publier un détail plus circonstancié de mon voyage à la Côte de Guinée, quand je me serai mis en état de le présenter au public; je me propose d'y donner une description géographique beaucoup plus étendue de ce pays, de parler des mœurs, des lois, & des coutumes des peuples qui habitent ces rivages; en outre de traiter du commerce qu'on y fait, mais particulièrement de celui qu'on pourroit y établir avec le plus grand avantage. Je me réserve aussi la satisfaction d'informer alors le public, quel fut l'auguste promoteur de l'entreprise que j'ai fait avec mes deux respectables compatriotes, & avec quelle humanité la France a voulu concourir à nous aider à faire ce voyage. Que je suis heureux d'avoir été à même de faire des observations sur un sujet tel que celui de l'abolition de la traite des Esclaves ! sujet qui ne pouvoit être mis en discussion que par une nation d'un caractère & d'une puissance telle que celle à laquelle j'ai aujourd'hui l'honneur de m'adresser.

En faisant connoître au public les actions atroces qui se commettent, & dont j'ai été le témoin oculaire dans cette partie du monde, il est probable que les puissances & les individus qui les ont autorisées considéreront l'écrivain comme un espion & un délateur de choses qui, en honneur, devroient être ensevelies dans le silence & dans l'oubli ; mais si c'est là toute l'accusation qu'on puisse porter contre les intentions justes & pures d'un ami de l'humanité qui ose dévoiler les crimes dont se rendent coupables ceux qui ne cherchent qu'à violer les droits de l'homme, je regarderai alors comme un honneur d'avoir été regardé comme tel, en m'acquittant des devoirs que je dois à la société. Mais on observera sur-tout que je ne parle ici que pour rendre hommage à la vérité, dans l'intention de dévoiler la *méchanceté & le mensonge*, & non d'insulter ni les nations ni les individus.

OBSERVATIONS
SUR
LA TRAITE DES NÈGRES, &c.

SECTION PREMIÈRE.

De la manière de se procurer des esclaves.

CHAPITRE PREMIER.

De la Guerre.

JE mettrai la guerre au nombre des premieres sources par lesquelles les Européens se procurent des esclaves sur la côte d'Afrique.

Les guerres que se font réciproquement les habitans de l'intérieur du pays au delà du Sénégal, de Gambie, & de Sierra-Leona, n'ont que le pillage pour objet, & doivent leur origine au nombre d'esclaves dont chaque année les Mandingos, ou courtiers de l'intérieur du pays, disent avoir besoin pour approvisionner les vaisseaux qui viennent à la côte. Il est si vrai que les incursions ennemies n'ont d'autre objet que de se procurer des esclaves, que s'il arrive que dans une année il paroisse un plus grand nombre de vaisseaux à la côte qu'à l'ordinaire, on remarque que l'année suivante on amène au marché un plus grand nombre de captifs de l'intérieur du pays.

Ces malheureux, dont plusieurs sont des individus distingués dans leur pays, comme des princes, des prêtres, & autres personnes remarquables par leur état, sont conduits par les Mandingos en troupe de vingt, trente ou quarante, enchaînés les uns aux autres, ou au fort Saint-Joseph sur la rivière du Sénégal, ou du Niger dans le pays de Gallam, ou dans les lieux voisins de la rivière de Gambie. Mais lorsqu'il arrive que la traite avec les François sur la rivière du Sénégal est interrompue (ce qui arriva en 1787), ils amènent alors tous leurs captifs à l'embouchure du fleuve de Gambie, à Sierra-Léone, & dans d'autres lieux au bas de la côte. Ces Mandingos font tout le trajet, excepté dans certaine certaines saisons de l'année, lorsqu'ils rencontrent les courtiers de la côte même, qui reçoivent d'eux les esclaves, & leur donnent en échange les articles ordinaires de commerce.

Ce que j'ai dit jusqu'ici m'a été rapporté par les témoins les plus fidèles, blancs ou noirs, que j'ai pu rencontrer pendant mon séjour sur la côte. Il convient cependant que j'établisse sur ce point quelque chose dont je me sois convaincu par moi-même.

Les Maures qui habitent la partie septentrionale de la rivière du Sénégal, sont ceux qui se livrent d'une manière infâme aux *guerres* de rapine. Ils traversent la rivière & attaquent les nègres, dont ils amènent le plus qu'ils peuvent arrêter. Les François, pour les y encourager, font tous les ans des présens aux rois maures ; mais ils ne leur donnent leurs présens qu'à certaines conditions ; premièrement, que leurs sujets ne porteront aucuns de leurs hommes aux Anglois à Portendi, & en second lieu qu'ils se tiendront prêts en tout temps à leur fournir des esclaves. Pour les mettre en état de remplir ce dernier article de convention, ils ont toujours soin de leur fournir des munitions, des fusils, & d'autres instrumens de *guerre*.

M

Pour preuve de ce que je viens de dire, je rapporterai l'exemple suivant.

En 1787, le roi d'Almammy avoit fait une loi qui lui faisoit beaucoup d'honneur, & par laquelle il étoit défendu qu'aucun esclave ne passât par ses états. Il y avoit alors plusieurs vaisseaux qui étoient à l'ancre dans le Sénégal, & qui attendoient des esclaves. Cet édit força les courtiers à prendre une autre route, & les esclaves furent amenés dans d'autres lieux. Les François, ne pouvant en conséquence compléter leur cargaison, firent des remontrances au roi, qui cependant ne les écouta guère ; car il leur renvoya les présens que la compagnie du Sénégal lui envoyoit. J'ai moi-même été témoin de ce fait, & il leur déclara en même temps que toutes les richesses de cette compagnie ne lui feroient point renoncer au parti qu'il avoit pris. Les François furent alors obligés d'avoir recours à leurs anciens amis, les Maures. Ceux-ci, qui s'étoient toujours montrés auparavant disposés à les servir dans ces sortes d'occasions, ne témoignèrent pas moins d'empressement dans celle-ci. Ils partirent, & se dispersèrent en petites troupes, pour surprendre les nègres qui n'étoient pas sur leur garde, & excitèrent parmi eux toutes les calamités de la *guerre*. Plusieurs de ces prisonniers infortunés furent envoyés aux François, qui continuèrent à en recevoir de la sorte pendant quelque temps. Je fus une fois assez curieux pour désirer de voir quelques-uns de ceux qui venoient d'arriver. Je m'adressai au directeur de la compagnie, qui me conduisit aux prisons des esclaves. Je vis là ces captifs infortunés, enchaînés de deux en deux par les pieds ; les corps mutilés de plusieurs d'entre eux, dont les blessures saignoient encore, m'offrirent le spectacle le plus affreux, & la situation de ces malheureux est plus facile à imaginer qu'à décrire. Le directeur de la compagnie faisoit cependant tous ses efforts pour les consoler.

Voilà un exemple constant qui prouve qu'il y a eu *une guerre au moins* entreprise dans le seul dessein de se procurer des esclaves. Je ne peux cependant pas m'empêcher d'observer que si je n'avois pas eu connoissance de ce fait pendant que j'étois sur les lieux, je n'aurois pas pu m'empêcher pour cela de croire avec raison que la traite des esclaves étoit la cause des guerres que les nègres se font entre eux ; car dans toutes les observations que j'ai été à même de faire (& je suis allé sur les côtes d'Afrique, non pour y faire aucune espèce de commerce, mais uniquement pour y faire des recherches & observer), j'ai toujours reconnu les nègres pour un peuple tranquille & doux, heureux en lui-même, & jouissant de la vie sans peine & sans travail. Si j'ai donc rencontré des guerres parmi des hommes doués de ce naturel, & placés dans une position à ne pas avoir de motif pour se battre, je ne peux m'empêcher de conclure que les guerres qu'ils ont entre eux, ont été excitées dans quelques vues diaboliques, & pour aucun autre motif sans doute que celui de continuer la traite des esclaves.

CHAPITRE II.

Du pillage.

UNE seconde source d'où les Européens tirent encore des esclaves sur la côte d'Afrique, c'est le *pillage*, qui est des deux genres, public ou particulier. Il est public lorsque ce sont les rois qui l'ordonnent ; particulier, lorsque ce sont de seuls individus qui l'exercent. Je dois faire encore une autre distinction, c'est lorsque ce sont les noirs & les blancs qui pillent ; cette dernière circonstance est véritablement ce qu'on doit appeler vol, & c'est le sujet de l'article qui suit.

Le *pillage* public est de tous les moyens le plus fécond & la source la plus abondante, d'où la traite des esclaves tire ses plus grands moyens pour se soutenir. Les rois d'Afrique (du moins dans cette partie du continent que j'ai visitée), excités par l'appât des marchandises qu'on leur montre, & qui consistent principalement en liqueurs fortes, donnent ordre à leurs troupes d'attaquer pendant la nuit leurs propres villages. C'est sur-tout la nuit des samedis qu'ils prennent pour cela, & qu'ils regardent comme la plus heureuse pour ces sortes d'expéditions. Cependant, lorsque les demandes d'esclaves sont pressantes, il n'y a point de nuit assez contraire pour empêcher qu'ils ne fassent faire des incursions.

Comme j'ai été moi-même témoin oculaire de plusieurs de ces expéditions, il sera peut-être plus à propos que je donne une idée plus exacte de ce genre de pillage, en en rapportant quelques exemples.

Les François font des présens aux rois nègres, comme aux rois maures. Il arriva, lorsque j'étois à *Gorée*, qu'on envoya de ce lieu un ambassadeur au roi de *Barbesin* pour avoir des esclaves en diligence. J'obtins la permission d'être, ainsi que mes compagnons, du nombre des ambassadeurs. En conséquence nous partîmes, & nous arrivâmes à *Joal*, lieu où le roi fait sa résidence dans certain temps de l'année, c'est-à-dire, lors de l'arrivée des vaisseaux qui font la traite.

Il est d'usage, lorsque les présens sont reçus, d'envoyer en retour un certain nombre d'esclaves. Il arriva cependant que dans ce moment le roi de *Barbesin* n'en avoit pas à sa disposition : cette circonstance me mit à même de voir des expéditions du genre dont il s'agit.

Nous demeurâmes environ une semaine à *Joal*; & pendant ce séjour, le *pillage* dont je parle eut lieu presque toutes les nuits. Celui que je vais décrire fera voir quelles sont les personnes qui y sont intéressées, & quels furent leurs différens succès.

On rassembla vers le soir, c'est-à-dire, à six heures, quand la nuit approcha, différentes troupes de soldats. Chaque troupe étoit de dix ou douze ; chaque homme étoit armé d'un gros mousquet qu'il portoit sur sa selle, de la même manière que dans la cavalerie angloise. Ils avoient sur leurs épaules un arc & un carquois rempli de flèches. Ainsi équipés, ils alloient dans les différens villages qui appartenoient au roi, & revenoient ordinairement vers les cinq heures du matin, ou un peu avant le jour.

Quelquefois ils revenoient sans ramener un seul esclave ; dans d'autres ils étoient plus heureux. Je me souviens une fois, entre autres, de les avoir vu revenir après n'avoir pu faire qu'un seul captif ; c'étoit une jeune & belle négresse d'un des villages même appartenant au roi. Malgré ses pleurs & ses prières, elle fut aussi-tôt livrée à l'ambassadeur françois avec qui nous étions venus, & par son ordre elle fut transportée à bord.

Heureusement pour elle qu'elle appartenoit à une de ces familles qui, par leur naissance, sont exemptes de l'esclavage par les lois du pays. Cela occasionna un soulèvement ; car cette action parut à l'esprit du peuple, si injuste & si contraire aux lois établies, qu'ils furent presque sur le point de se révolter. Quand le roi eut repris ses sens (car il étoit pris de vin lorsqu'il avoit ordonné qu'on saisît cette fille), il vit & sentit si vivement les conséquences de son procédé téméraire, qu'avec la soumission la plus vile, il s'abaissa aux plus humbles prières vis-à-vis de celui à qui il avoit livré la captive, pour obtenir qu'on lui rendît cette innocente & malheureuse fille. Le François, chef de l'ambassade, quoiqu'environné de plus de deux mille noirs à la fois, & n'ayant à leur opposer que cinq blancs en me comptant moi & mes compagnons de voyage, fut assez fou que de s'obstiner au point de refuser long-temps ce qu'on lui demandoit; je dis qu'il fut assez fou, parce que dans tous les événemens de ma vie, jamais je n'ai couru plus de risque de la perdre. Enfin, après bien des instances & des supplications, voyant que le roi lui en promettoit en échange deux autres qu'il comptoit prendre dans la prochaine expédition, il se rendit, & cette fille infortunée fut enfin rendue aux larmes de ses parens.

Une autre fois, les soldats qu'on avoit envoyés au pillage revinrent avec plusieurs captifs. Il y avoit dans la troupe des hommes, des femmes, & des enfans. Je remarquai chez les hommes des marques sensibles de la plus grande tristesse; mais l'un d'eux sur-tout me parut presque hors de lui-même, & succomber à la douleur. Il supplioit avec l'ardeur la plus vive ceux qui l'avoient emmené de ne pas l'arracher à sa femme & à ses enfans. Les femmes, d'une autre part, exhaloient leur désespoir en pleurs & en gémissemens; les enfans, saisis d'effroi, pressoient le sein de leur mère, dont ils ne vouloient pas se détacher; leurs petits yeux étoient tellement gonflés de larmes, qu'ils ne pouvoient plus pleurer. Durant tout ce temps, les soldats, pour montrer leur joie dans cette occasion, & pour sécher les pleurs de leurs infortunés compatriotes, ne cessoient de battre sur de gros tambours. A ce bruit se joignoit tout celui qui pouvoit résulter de souffler dans des cornes & celui des cris des assistans. Réunissant les cris de désespoir des uns, & les éclats de joie des autres, aux instrumens les plus bruyans, l'on se formera à peine une idée de la scène la plus infernale dont j'aie jamais été témoin.

Ce que j'ai dit de la conduite du roi de *Barbesin* quand il veut se procurer des esclaves, est également applicable à celle des autres rois des pays que j'ai connus. Le roi de *Damel*, dont les états sont situés entre le Portugal & le Sénégal, ayant besoin d'un esclave pour faire un échange de marchandises dont il avoit fait prix avec un négociant de *Gorée*, donna ordre à ses soldats de prendre un de ses propres sujets. Ayant rencontré une femme (dont le mari étoit absent) seule dans sa cabanne avec ses enfans, ils la saisirent, la lièrent, & la séparèrent de sa jeune famille, qui fut repoussée comme n'étant pas en état de supporter le voyage jusqu'au bord de la mer.

Le roi de *Sallum*, quoique jamais il ne goûte d'aucune liqueur spiritueuse, a recours néanmoins aux mêmes moyens, comme si, par un accord général entre les rois de l'Afrique, c'étoient des moyens qui dussent être constamment employés. Les articles d'échange que le roi demande le plus ordinairement, sont des rixdales d'Espagne & des gourdes hollandoises. Il les fait fondre ensemble, & alors il en forme des chaînes, des bracelets, & autres ornemens pour lui & ses favorites. Comme il a mis un prix extraordinaires à ces objets, il ne fera point difficulté en aucun temps de dépeupler un village, pour s'en procurer. Tels sont les effets de l'avarice, lorsqu'elle voit quelque espoir de se satisfaire.

Les vaisseaux employés à la traite de *Sallum*, par les mulâtres de *Gorée*, sont en général des chaloupes avec lesquelles ils remontent la riviere, & arrivent au bout d'environ trois jours. Leur séjour est plus ou moins long; mais il dure en général depuis une semaine jusqu'à un mois, selon le succès de ces incursions qui n'ont d'autre objet que de se procurer des esclaves. Lorsque ces courtiers ont complété leur cargaison, ils reviennent à *Gorée*, où ils la délivrent dans l'espace de huit jours ou environ. On embarque ensuite ces esclaves à la premiere occasion, pour les transporter dans les Colonies françoises.

Je ne puis me dispenser, en parlant de ces

chaloupes, de rapporter un événement dont j'ai été témoin. Un courtier mulâtre de *Gorée*, qui s'appeloit *Martin*, avoit obtenu du roi de *Sallum* une pleine chaloupe d'esclaves qu'on avoit pris dans les pillages publics dont nous avons donné la description. La plus grande partie étoit des femmes & des enfans ; malgré cela, on les avoit entassés dans la chaloupe, comme si c'eût été des marchandises inanimées & des êtres dépourvus de sensibilité. Obligés, faute d'espace assez grand, de coucher sur les inégalités des planches, sans pouvoir changer de position, ces malheureux avoient beaucoup souffert dans l'espace de huit jours, qui est le temps qu'on met ordinairement pour passer de *Sallum* à *Gorée* ; car lorsque je les vis sortir de la chaloupe, ils avoient le corps meurtri de contusions, & plusieurs avoient même des blessures assez fortes. Un pauvre enfant d'environ deux ans en avoit une très profonde au côté, & qui provenoit de la position où il avoit été forcé de rester. Quand il fut mis à terre, il n'eut pas la force de se tenir debout, & en restant couché, sa plaie se ranima, & lui causa de grandes douleurs, à cause du sable qui y étoit entré. Je ne parle de cela que pour donner une idée de ce que sont les lieux où l'on renferme les esclaves, & de l'inhumanité avec laquelle se fait cet infâme commerce.

Avant de terminer ce que j'ai à dire au sujet de ce *pillage* public, je ne dois pas oublier d'ajouter que les rois de ces contrées (excepté à *Sallum*) ne conviennent point ouvertement du droit qu'ils usurpent sur la vie & la liberté de leurs sujets. C'est pour cela qu'ils s'arrangent, dans ces expéditions, de manière à pouvoir arriver de nuit dans le quartier qu'ils se proposent de piller ; en sorte qu'il est impossible alors à leurs sujets de découvrir quels sont les instrumens de ces actes de violence, & ils sont alors plutôt portés à croire que ce sont des troupes de bandits, que des émissaires de leur roi qui viennent ainsi porter chez eux la désolation.

Parlons actuellement du *pillage* qui se fait clandestinement. Celui-ci est exercé par des individus qui, tentés par les marchandises des Européens, se guettent entre eux. Pour cet effet, ils se placent sur les grandes routes & dans d'autres lieux passans, en sorte qu'un nègre qui voyage, leur échappe difficilement. Je ne finirois pas si je voulois rapporter les exemples nombreux de ce genre de déprédation. Je me contenterai d'en citer un qui pourra frapper par sa singularité.

Un maure avoit saisi un nègre libre, & s'étant assuré de sa personne, il l'avoit emmené au Sénégal, & l'avoit vendu à la compagnie. Quelques jours après le maure fut pris par quelques nègres de la même manière, & fut emmené dans le même lieu pour y être vendu à son tour. La compagnie achète rarement des maures : mais comme elle est obligée, en vertu de ses privilèges, de fournir un certain nombre d'esclaves à la colonie de Cayenne, & comme il y avoit alors plusieurs vaisseaux en rade, & qu'en conséquence de l'édit du roi d'Almammy, dont j'ai parlé, les cargaisons étoient difficiles à compléter, on ne se fit aucun scrupule de les acheter dans cette occasion. Le hasard voulut que le maure, après qu'il eut été acheté, fut embarqué précisément à bord du même vaisseau où étoit le nègre. Ils ne se furent pas plutôt rencontrés, qu'il s'éleva entre eux une querelle qui, pendant quelques jours, occasionna un grand tumulte dans le vaisseau. De semblables rencontres arrivent souvent dans les vaisseaux négriers, & le tapage qui en résulte, ne s'appaise le plus souvent qu'après qu'il est arrivé quelque malheur.

CHAPITRE III.

De l'Enlevement.

JE viens de décrire les deux sortes de *pillages*, public & particulier ; je les ai même considérés comme exercés par les nôtres les uns envers les autres. Je vais actuellement en parler comme pratiqués envers les nègres par les blancs, & je l'appellerai alors *Enlevement*.

Personne n'ignore, du moins dans quelques endroits de la Côte, que les Européens n'ont jamais manqué, lorsque l'occasion s'en est présentée, de se saisir des Africains sans défiance, & de les emmener de force dans leurs Colonies.

C'est ce qu'ils ne manquent pas de faire dans les lieux où ils n'ont pas de comptoirs ou d'établissement ; en sorte que le fait reste alors ignoré de leurs compatriotes ; c'est principalement en remontant les rivières sur lesquelles ils se hasardent quelquefois pour faire une traite plus avantageuse ; c'est dans ces lieux qu'ils forcent les nègres à leur donner des otages qu'ils gardent à bord. La trève étant conclue, les naturels, trop confians, vont souvent visiter le vaisseau, sans soupçonner aucune trahison ; mais s'il arrive que le vent soit favorable, il n'y a pas un de ces Européens dénaturés qui se fassent le moindre scrupule de mettre aussi-tôt à la voile, & d'emmener, non seulement les nègres libres qui étoient venus à bord pour faire des échanges, mais mêmes les otages qu'ils avoient reçus, au mépris des lois des nations & de toute probité.

Ces actions sont non seulement iniques en elles-mêmes, & par conséquent dérogatoires au caractère d'une nation civilisée, mais sont souvent si funestes dans leurs suites, que ceux qui les ont commises, méritent plus d'être regardés comme des démons, que comme des hommes ; car il faut croire que les parens & les amis de ceux qui ont été enlevés par une fraude aussi abominable, n'épargneront rien pour se venger. Le prochain vaisseau qui paroîtra dans le même lieu, sera peut-être exterminé, & c'est ainsi qu'à une action aussi méchante, il faut ajouter la faute de devenir la cause instrumentale du meurtre peut-être de leurs compatriotes, & de faire retomber sur l'innocent le châtiment du coupable.

Voici ce que j'appris en 1787, pendant que

j'étois à Gorée : je le tiens de quelques François qui faisoient le commerce des hommes sur la rivière de Gambie.

Le capitaine d'un navire anglois qui avoit demeuré quelque temps dans cette rivière, avoit attiré plusieurs naturels à son bord, & ayant trouvé l'occasion favorable, il mit à la voile, & les emmena. Son vaisseau, par un effet de la providence, fut cependant repoussé vers la côte d'où il avoit mis à la voile, & fut forcé de jeter l'ancre précisément dans le lieu même où cet acte de trahison s'étoit passé (1). Les naturels avoient résolu de se venger, & leurs dispositions étoient faites. Ils se rendirent donc en foule au bord de ces trois navires, & s'en étant rendus les maîtres, ils égorgèrent la majeure partie des équipages. Le petit nombre de ceux qui échappèrent & en apportèrent la nouvelle, furent obligés de se réfugier dans un comptoir françois qui étoit dans le voisinage. C'est ainsi que l'innocent paya pour le coupable ; car il ne parut pas que les deux autres vaisseaux eussent été complices du capitaine françois.

---

(1) Il y avoit alors deux autres vaisseaux anglois dans la même rivière.

Ces détails nous parvinrent à *Gorée*, & par une voie nullement suspecte. Il est à remarquer cependant que, quoique je n'eusse nullement besoin que ces nouvelles me fussent confirmées pour y croire, cependant, depuis mon arrivée à Londres, je les y ai entendu répéter dans le plus grand détail ; car je dînai par hasard avec un commis aux écritures, qui, sans dessein, ayant rapporté le temps, le lieu & d'autres circonstances de cette affaire, me convainquit que ces mêmes vaisseaux, dont j'ai raconté la funeste aventure, étoient les mêmes que ceux dont il déploroit la perte dans le même endroit & à la même époque.

CHAPITRE IV.

Des trahisons ou stratagêmes.

Sous la dénomination de *trahisons* ou *stratagêmes*, on peut comprendre les divers autres moyens dont on se sert pour se procurer des esclaves, puisque ce n'est que la même pratique sous des modes différens. J'espère qu'il suffira d'un ou deux exemples, pour mettre le lecteur en état de juger du reste, sans lui faire perdre son temps à des répétitions inutiles. Car les stratagêmes qu'emploient ceux qui font la traite, pour avoir des esclaves, sont si variés & si multipliés, que pour les recueillir il faudroit un volume entier.

Un négociant françois de *Gorée* ayant pris terre auprès d'un village, aperçut un nègre d'une belle taille. Il s'adressa sur le champ au chef du village, pour qu'il le fît arrêter. Sur la proposition du chef, les habitans consentirent unanimement à lui accorder sa demande ; car c'est une loi dans cet endroit, que si tout un village y consent, tout étranger se trouvant parmi eux peut être fait esclave. Or il n'est pas bien difficile d'obtenir le consentement général d'un village. Les Africains en général, ainsi que tous les autres peuples qui ne sont pas plus civilisés qu'eux, sont gouvernés par leurs passions, & il suffit au prince de leur distribuer une certaine quantité de liqueurs spiritueuses, pour obtenir de ses sujets tout ce qu'il désire. C'est précisément ce qui arriva dans cette circonstance ; & le nègre infortuné, leur voisin & leur ami, venu pour les visiter, fut arrêté & envoyé en esclavage. Sa femme, instruite de sa captivité, accourut fondant en larmes ; elle demanda qu'on l'achetât aussi, afin de ne pas être séparée de son époux, & de partager son sort; mais celui qui avoit acheté le mari, n'avoit pas sans doute les moyens ou le temps d'acheter la femme, & ses prières furent vaines.

Le roi de *Sallum*, sous prétexte d'avoir besoin de millet, attira chez lui une négresse d'un village voisin. Flattée de l'espoir de vendre sa denrée avec avantage, elle ne prit pas garde à l'imprudence de la démarche qu'elle faisoit, & elle se rendit chez le roi, qui non seulement la priva sur le champ de son millet, mais la fit arrêter, & la vendit en esclavage.

Je ne terminerai pas ce que me suggèrent les différentes méthodes de se procurer des esclaves, sans rapporter un exemple qui prouvera bien clairement les suites fâcheuses de la traite des nègres & les effets funestes qu'elle produit sur le cœur humain.

Un des rois maures avoit reçu du directeur de la compagnie du Sénégal, le prédécesseur de celui qui la dirige aujourd'hui, les présens accoutumés, en retour desquels il s'étoit engagé à lui procurer des esclaves. Ayant mis du retard à remplir ses engagemens, il reçut un message de la part du directeur, qui lui représentoit les besoins urgens de la compagnie. Le roi, se voyant ainsi pressé, lui offrit à compte

un nègre qu'il avoit : ce nègre n'étoit rien moins que son propre ministre, qui, depuis plusieurs années, étoit son ami de confiance & son fidèle conseil. Le directeur, choqué de ce procédé, s'efforça de lui faire sentir l'indécence de sa conduite ; mais ses représentations ne serviroient de rien. Le nègre, en la présence duquel l'offre avoit été faite, voyant l'obstination avec laquelle son indigne maître persistoit dans son dessein, courut à lui, lui ôta son poignard, & s'en perça le cœur, en disant : « Tiens, barbare, j'aurai la
» satisfaction de mourir avant que tu aies pu
» goûter aucun des avantages que tu voulois
» retirer de ta vile ingratitude envers le meilleur
» des serviteurs (1) ».

---

(1) On doit admirer sans doute la générosité d'une pareille action, & en même temps le caractère naturel des Africains, dont l'indignation, loin de les porter à se venger, quand ils le peuvent, se contente de faire retomber sur eux les coups dont ils auroient pu frapper leurs oppresseurs. A chaque instant on rencontre des preuves semblables de l'élévation d'âme des Africains, & l'on ne peut s'empêcher de gémir en voyant ces peuples maintenus dans l'état de barbarie où ils restent, par le complot & la convention des Européens. (*Note du Traducteur*).

SECTION II.

De la manière dont les nègres sont traités par les Européens.

CHAPITRE PREMIER.

Des nègres considérés comme faisant la traite.

DE tous les points de vue sous lesquels on peut considérer l'intérêt personnel, le principe de tout commerce, il n'en est pas de plus humiliant & de plus bas que celui qui a rapport à la traite qui se fait entre les blancs & les noirs. La fraude & la violence qu'en général le plus fort imagine avoir droit d'exercer sur le plus foible, force ces derniers, à leur tour, d'avoir recours à des manœuvres aussi basses que cruelles. Tel est le tableau véritable de la bassesse des moyens & de la barbarie dont se servent les blancs envers les noirs, & ces derniers envers leurs propres sujets.

Les nations européennes ont, dans ces mystères d'iniquité, un avantage décidé sur les nations grossières de l'Afrique, & exercent par conséquent les plus honteux artifices avec impunité. Il n'est point de ruses & de perfidies odieuses dont ils ne se servent dans l'échange des marchandises avec les nègres. Par exemple, au lieu des bouteilles ou des barils d'eau-de-vie convenus pour la jauge, ils en substituent d'autres de même apparence, mais de capacité moins grande quelquefois de moitié. On tire avantage de la difficulté qu'ont les nègres de compter au delà de dix (1), pour les tromper & retrancher une grande partie des objets convenus dans le marché. On altère avec de l'eau les vins & eaux-de-vie qu'on leur a fait goûter dans leur pureté. On les trompe sur tous les poids & sur toutes les mesures; & afin de mieux réussir dans ces friponneries, ils commencent par éloigner la méfiance des nègres en les enivrant, & parviennent ainsi à fasciner leurs yeux & leurs sens, de façon à multiplier ou grossir tous les objets qu'ils leur pré-

---

(1) Ce n'est pas par-tout de même. La plupart des nègres, au contraire, qui font le commerce des esclaves, comptent, & sans le secours de la plume, bien mieux que les Européens. (*Note du Traducteur*).

fentent. Cette manière de traiter est regardée comme la plus modeste qu'on puisse employer, & il n'est pas un seul Européen qui se fasse le moindre scrupule d'y avoir recours dans toutes les occasions. J'ai été moi-même très-souvent le témoin oculaire de ces indignes procédés.

CHAPITRE II.

Des nègres considérés comme esclaves.

ON distingue sur les côtes d'Afrique deux sortes d'esclaves ; savoir, ceux qui descendent immédiatement de parens esclaves, & ceux qui sont réduits en esclavage par les moyens que nous venons de faire connoître. Les premiers sont rarement vendus, si ce n'est pour crime de vol ; mais la plus légère faute de ce genre sert souvent de prétexte pour les vendre. J'ai vu à *Gorée* plusieurs ventes publiques de jeunes femmes (1) accusées de petits larcins qui méritoient à peine le nom de crime ; les traitemens

---

(1) La décence ne me permet pas de décrire les traitemens que le sexe éprouve de la part des blancs qui font la traite des esclaves.

que ces derniers éprouvent sont doux, en comparaison de ceux des malheureux qui sont faits esclaves par fraude, & qui sont traités exactement comme des bêtes sauvages. On les renferme dans des prisons ou donjons qui ressemblent à des cavernes, où ils sont couchés nus sur la terre, accumulés ensemble & chargés de fers. Cette prison mal-saine & étroite leur cause des maladies de peau. Ils mangent dix ou douze dans une auge, exactement comme des cochons. L'on en prend même moins de soin que de ces animaux, pendant qu'ils sont renfermés dans ces cachots, & jusqu'à ce qu'on les ait entassés dans les navires négriers ; mais ils ne sont pas mieux traités àbord, s'il en faut croire ce qu'on dit de la plupart de ces traversées.

Je suis fâché que l'humanité force de divulguer ici la conduite barbare que les François qui font la traite, tiennent envers les esclaves durant la traversée. J'ai ouï assurer à plusieurs négocians & capitaines de ce pays-là, que lorsqu'il survenoit des calmes ou des vents contraires qui occasionnoient une disette d'eau & de provisions, ou que lorsqu'il se déclaroit quelque maladie funeste parmi les esclaves, on ne manquoit jamais de mêler du sublimé corrosif, ou quelque autre poison actif avec leurs alimens,

& d'expédier ainsi de sang froid les malheureux confiés à leur garde. Les capitaines assurent que ce seroit manquer de prudence que d'entreprendre un semblable voyage sans être muni de quelque poison (1); & ils se vantent encore d'être moins cruels que les Hollandois & les Anglois, qui, dans de pareilles circonstances, jettent sans cérémonie ces innocentes victimes à la mer (2).

Mon journal me fournit un bien triste exemple de cette cruelle méthode. L'anecdote m'a été communiquée par le capitaine L., du Havre-de-Grace. Il y a environ deux ans qu'un navire négrier appartenant à quelque armateur de Brest, ayant éprouvé un calme durant la traversée, manqua d'eau & de provisions. Le capitaine,

---

(1) Depuis mon arrivée à Londres, cette horrible méthode a été certifiée véritable par plusieurs François dont le témoignage est des plus respectables.

(2) Ce crime est si atroce, qu'il devient incroyable; & s'il est possible qu'il ait été commis, ce n'est pas une raison pour qu'il soit souvent répété. Les dépositions de quelques François ne prouvent pas qu'un usage aussi affreux soit & puisse jamais être adopté par une nation aussi jalouse de sa réputation que de ses principes. (*Note du Traducteur.*)

dans cette circonstance, eut recours au poison, au moyen duquel il expédia un si grand nombre d'esclaves chaque jour, que de *cinq cents* qu'ils étoient, il n'en arriva que *vingt-un* au Cap François.

SECTION III.

Si les nègres sont naturellement industrièux.

CHAPITRE PREMIER.

Dans les pays étrangers.

IL paroît, d'après plusieurs expériences faites sur différentes plantations dans les Indes occidentales, que les nègres que l'on fait travailler, non à la journée, mais par corvée, ont donné des preuves d'adresse & d'industrie (1).

---

(1) On trouvera, à la fin de ces observations, une preuve remarquable & bien authentique de ce fait intéressant.

CHAPITRE II.

Induſtrie des noirs dans leur propre pays.

COMME la liberté & la raiſon, les deux grands mobiles de toutes les actions des hommes, ne ſont pas encore développées chez les peuples de l'Afrique, qui n'ont reſté dans un état d'enfance que parce que leurs facultés intellectuelles n'ont pas été cultivées, & que par conſéquent leurs beſoins n'ont pas été bien nombreux, on pourroit conclure peut-être que les nations groſſières ne ſont pas ſuſceptibles d'être civiliſées ; mais cette opinion s'évanouira bientôt, quand on réfléchira que les preuves de leur induſtrie doivent dépendre entièrement de la manière de former leur jugement. Il faudroit néceſſairement leur préſenter de nouveaux objets, afin d'exciter de nouveaux déſirs, & faire développer les facultés qui ont reſté cachées, faute d'être miſes en exercice ; il faudroit enſuite, à meſure que leurs progrès augmentent, introduire parmi eux ce que nous appelons en général du luxe ; mais je n'entends pas par luxe, l'abus des choſes commodes qui énervent les hommes, mais un usage modéré de ces objets qui ne font qu'exciter leur activité.

La conduite du roi de *Barbesin* m'a convaincu que le degré modéré de luxe pourroit s'introduire aisément parmi les peuples de la côte. Je lui donnai une paire de boutons de manches en émail commun, qui lui fit le plus grand plaisir, quoi qu'il n'en connût point l'usage. Quand je lui eus appris à quoi cela pouvoit servir, il parut très-mortifié de ce qu'il n'y avoit point de boutonnières à sa chemise. Ayant remarqué que celle d'un mulâtre de *Gorée* étoit différente à cet égard, il voulut absolument en changer avec lui en notre présence, & le mulâtre fut obligé d'y consentir. Enchanté de ces nouveaux ornemens, le roi leva les bras en l'air pour faire voir ses boutons au peuple. Ses courtisans environnèrent bientôt ma cabane, en me suppliant de leur donner aussi des boutons de manches, ce que je fis avec plaisir. Cet amour passionné que les Africains ont pour toutes les bagatelles européennes, est une preuve qu'on pourroit établir parmi eux un commerce avantageux qui coûteroit peu de peine & de frais.

La conduite du roi actuel d'*Almammy* (autre

fois grand Marabou (1)), est plus intéressante pour l'humanité, & prouve la fermeté du caractère mâle des nègres, lorsqu'ils ont acquis quelques lumières. Comme son esprit a été plus cultivé dans sa jeunesse que celui des autres princes noirs, il s'est rendu tout à fait indépendant des blancs. Il a non seulement défendu la traite des esclaves dans ses états, mais (en 1787) il n'a pas voulu même permettre aux François de faire passer par ses états les captifs de *Gallam*. Il rachète ses propres sujets lorsqu'ils ont été pris par les Maures, & il les encourage à élever des troupeaux, à cultiver la terre, & à exercer leur industrie de toutes les manières. Comme grand marabou, il s'abstient de liqueurs spiritueuses ; ce n'est pas cependant une règle générale parmi cet ordre ; car quelques-uns d'entre eux, qui voyagent avec les blancs, ne sont pas scrupuleux à cet égard. Ses sujets, à son imitation, sont beaucoup plus sobres que leurs voisins.

Ceci prouve à quel degré de civilisation on pourroit porter ces nations, si l'on entreprenoit

---

(1) Les Marabous sont les principaux prêtres parmi les nègres, & sont les seuls qui sachent lire & écrire l'arabe.

un jour ce grand & bel ouvrage avec la prudence & la patience nécessaires ; mais je ne crois pas qu'on pût y parvenir sans y introduire un peu de luxe. Que serviroit de cultiver l'esprit humain, si le luxe, que je ne considère que comme la perfection des choses d'agrément & de commodité, ne suivoit pas les progrès de la civilisation ? A la vérité, l'un ne pourroit avoir lieu sans l'autre. Les nations qui sont dans l'état de grossiereté, ne sont guidées que par un instinct purement animal pour se procurer leur subsistance ; mais aussi-tôt que leur jugement & leur esprit commence à se former, par le moyen de la réflexion, sur ce qui peut rendre la vie plus agréable, au delà du nécessaire, le luxe doit nécessairement s'introduire parmi elles (1).

_____

(1) J'entends par luxe, toutes les jouissances qui vont au delà du pur nécessaire de la vie animale. Par conséquent vivre en société civilisée est déjà une sorte de luxe; & s'il est nécessaire de cultiver notre esprit, nous devons aussi être indulgens dans l'usage d'un mot dont on abuse si généralement aujourd'hui.

SECTION IV.

Description de la Côte.

CHAPITRE PREMIER.

Du climat.

LE climat de la Côte de Guinée, comme celui des autres pays, varie selon la nature du sol, de son élévation, de son abaissement, l'état comparatif de son amélioration, & autres circonstances sur lesquelles on n'a pas fait peut-être assez de recherches. La latitude du lieu n'est nullement un moyen de déterminer la nature de son climat, puisque même, sous la zône torride, on y trouve tous les degrés possibles de la température. Les terres élevées de Camaron, particulièrement, sont couvertes de neiges éternelles, quoique distantes seulement de trois ou quatre degrés de la ligne.

L'opinion générale est que les climats les plus mal-sains de la côte d'Afrique sont ceux du Sénégal

Sénégal & de Juda. Les lieux voisins des bords de la rivière de Gambie, quoique les plus fréquentés dans ces derniers temps, sont cependant tous aussi pernicieux que ceux dont nous venons de parler, sur-tout durant les grandes pluies, & immédiatement après qu'elles ont cessé. On peut conclure en général que les lieux bas & marégeux sont très-funestes à la santé des Européens qui ont tout à craindre des excès de tout genre auxquels ils pourroient se livrer. Mais la sobriété & un exercice modéré sont sans doute les moyens les plus sûrs de se garantir des effets d'un changement soudain de climat. Moyennant ces précautions, le corps s'habitue peu à peu à ces influences nouvelles, ainsi que l'expérience l'a démontré; & cet heureux effet se fait sentir plutôt ou plus tard, selon le degré de force ou de foiblesse de l'individu, selon le genre d'éducation qu'il a reçue, & les habitudes qu'il a contractées dès ses premières années. On peut encore résister aux mauvaises influences de ces climats, en choisissant pour son habitation, pendant la saison la plus mal-saine de l'année, un lieu élevé. Pour moi, quoique je fusse arrivé sur les côtes durant cette saison, j'ai échappé à toutes les maladies du pays, & je l'attribue au régime sobre que j'ai eu soin d'observer. Durant une épidémie cruelle qui régna au Sénégal pendant que j'y étois, pas un seul officier ou négociant ne fut atteint de cette maladie, quoique résidant à terre ; mais de onze matelots du navire dans lequel je revins en Europe, six périrent dans l'espace d'un mois. Il faut cependant observer que les matelots, par la tyrannie ou la négligence des capitaines, par l'effet de la nourriture mauvaise ou insuffisante qu'on leur donne, & par d'autres maux qu'ils sont dans le cas d'endurer, sont souvent exposés à plusieurs causes de maladies qui n'affectent point les personnes qui suivent, à terre, un régime régulier, maladies auxquelles sont plus ou moins sujets les équipages des vaisseaux des compagnies, dont le monopole est extrême, ou ceux des individus négocians, qui, *faisant peu de cas de la vie des hommes*, n'ont rien en vue dans leurs spéculations que leur seul intérêt (1). On a observé que les Européens d'une constitution plutôt délicate, se sont en général le mieux portés sur la côte de Guinée.

―――――

(1) Il est à propos de remarquer que depuis que le vin a été substitué à l'eau-de-vie, dont on s'étoit toujours servi, durant les trois dernières années, parmi les troupes de France, leur santé a été incomparablement meilleure.

D'après ce que j'ai pu observer ou apprendre, il paroît que la saison des pluies suit le passage du soleil de l'équateur dans chaque tropique, de façon qu'elle règne toujours dans les lieux où les rayons de cet astre sont verticaux. On m'a dit que rarement elles tombent avant le mois de juin dans l'est du cap des Palmes, lorsque le soleil revient du tropique septentrional ; mais que ces saisons commencent en général dans le mois de mai vers l'ouest de ce cap, & y continuent pendant trois ou quatre mois. Les nègres profitent du commencement de cette saison, où la terre est ramollie par la pluie, pour labourer & semer leurs champs, & c'est après le retour de la sécheresse qu'ils cueillent leurs moissons ; occupation qu'ils abandonnent rarement, lors même qu'ils sont attirés par le commerce le plus avantageux. J'ai tout lieu de croire que si la Côte étoit cultivée dans l'étendue de ce sol qui, en général, en est par-tout susceptible, le climat deviendroit bien meilleur.

CHAPITRE II.

Du sol.

LE sol est très-inégal tout le long de la côte ; il est en général très-sablonneux depuis le cap Blanc, en descendant jusqu'à la rivière de Gambie ; mais comme le sable est formé de coquillages réduits en poudre, & qu'il est recouvert dans plusieurs endroits d'un terreau noir excellent, il doit être très-favorable à la végétation. Les lieux les plus stériles de cette partie du pays, excepté cependant le rivage immédiat de la mer, sont couverts de gazons & de buissons, & la végétation est très-riche, les arbres mêmes sont très-beaux par-tout où l'on trouve de ce terreau noir. J'ai remarqué que les montagnes sont en général composées de basaltes plus ou moins réguliers, qui attestent l'existence de volcans prodigieux dont les éruptions ont beaucoup fertilisé les terres qui les environnoient. C'est pour cela que les montagnes & les terres élevées du Cap Emmanuel, de Gorée, du Cap Rouge, & autres lieux moins élevés, sont communément très-fertiles. Les terrains où le riz vient le plus beau, sont en général bas, marécageux, & mal-sains.

CHAPITRE III.

Des productions.

DES ANIMAUX. Le bétail de la côte est plus petit que celui d'Europe ; les bestiaux ne sont pas aussi gros que ceux d'Angleterre ou de Hollande ; cependant leur chair est très-nourissante, & ils donnent du lait en grande abondance. Cette infériorité dans la grandeur me paroît provenir de la négligence & du peu d'intelligence avec laquelle les nègres les gouvernent. J'ai vu vendre une fois quatre bœufs 18 livres sterlings. Il faut que les troupeaux soient nés sur la côte, car ceux de l'étranger n'y réussissent pas. Ceux même des isles du cap Verd sont dans le même cas. Toute la côte est abondamment fournie de moutons, de cochons, & de volailles de toute espèce qui y propagent avec une rapidité surprenante. Les nègres sont très-adonnés à la chasse & à la pêche, quoiqu'ils n'aient cependant qu'une idée très-grossière des moyens mécaniques qui peuvent faciliter les arts. Si je ne l'avois vu de mes propres yeux, je ne pourrois me faire une idée de la prodigieuse quantité de poissons que l'on trouve par bancs dans ces parages. Il y a beaucoup de baleines sur la côte; & en allant de Gorée au Continent, distant d'environ cinq milles, j'ai souvent rangé la côte au milieu des bancs de ces poissons, & j'avoue que j'ai eu grand' peur que mon canot ne fût renversé par ces animaux. Dans la partie la plus basse de la côte, les Anglois & les Portugais font une pêche considérable de ces baleines. On trouve sur la côte une si grande quantité d'ambre gris, que j'ai vu plusieurs fois les nègres payer leur canot avec cette substance. Il y a peu de temps que les savans étoient encore embarrassés de savoir auquel des règnes de la nature il falloit attribuer cette production; mais aujourd'hui on est assez généralement d'accord que c'est l'excrément des baleines.

Des végétaux. Le gazon de ce pays est très-épais, & s'élève à une très-grande hauteur. Les naturels sont souvent obligés de le brûler, pour empêcher les bêtes sauvages de se faire des retraites dans les champs; mais bientôt il reprend sa première épaisseur. Le millet, le riz, les patates, les fèves, & plusieurs autres excellens végétaux croissent sur la côte, sans exiger beaucoup de culture, & dans une profusion qui surprend toujours beaucoup un Européen. Telle est en effet la fertilité qui règne sur la côte, que tous les vaisseaux européens sont approvisionnés sans qu'il en résulte le moindre inconvénient pour les habitans. On y trouve aussi les fruits les plus sains & les plus excellens dans la même abondance; un article non moins important encore que ceux dont nous venons de parler, c'est que des cannes à sucre sauvages croissent naturellement dans plusieurs endroits, ce qui prouve que cette plante réussiroit parfaitement dans ce pays, sans exiger beaucoup de culture. On peut en dire de même de la plante du tabac. On trouve encore sur ce sol excellent différentes espèces de coton qui croissent d'elles-mêmes ; l'une d'elles peut se filer sans être cardée, & presque sans aucune préparation. Les nègres le filent très-fin, & en font une étoffe qui est bonne, mais étroite (1).

L'indigo de différentes espèces y croît naturellement, & dans l'état sauvage ; il y vient même en si grande quantité, qu'il fait grand tort au

―――――――――――――――――――

(1) La première exportation considérable de coton & d'indigo qui fut faite de la Côte en Europe, se fit, si je ne me trompe, en 1787, pendant que j'étois à *Gorée*, par un François qui avoit résidé quelque tems dans cette isle.

riz & au millet dans les champs. Par quelle fatalité l'homme, pouffé par un égoïfme auffi extravagant que ridicule, veut-il toujours renverfer l'ordre de la nature & s'impofer par-tout des travaux fuperflus ? Quelle néceffité d'exiler cette plante du fol & du climat que la nature lui avoit affignés, pour la tranfplanter dans un pays où elle eft loin de croître & de fe developper auffi bien que dans fon lieu natal, & où elle manque tous les trois ou quatre ans ? Les teinturiers qui ont effayé l'indigo d'Afrique, affurent qu'il eft meilleur que celui qui vient de la Caroline & des Indes occidentales. Des perfonnes connoiffeufes ont examiné avec foin des échantillons d'indigo que j'ai apportés de la côte avec moi, & les ont trouvés d'une qualité fupérieure.

La gomme eft un autre article précieux, & ne croît pas feulement, comme quelques-uns l'ont penfé, dans le voifinage du Sénégal; on en trouve auffi dans prefque toutes les parties de la côte, quoique les nègres n'aient pas encore appris la manière de la recueillir, ce qui n'eft pas cependant une opération bien difficile. Mon compagnon de voyage, le docteur Sparman, fit un extrait d'une grande quantité de fuc d'un arbre petit, mais très-juteux, qui croît en abondance sur la côte ; & après avoir exposé le suc pendant quelques heures au soleil, il eut la satisfaction de le voir se convertir en gomme élastique, analogue à tous égards à celle qui est connue sous le nom de *frottoir des Indes*. On trouve aussi sur la côte une grande variété de bois les plus beaux & les plus précieux, dont la plupart sont à peine connus même des botanistes. J'en ai apporté des échantillons de quatorze espèces, dont un est très-remarquable par sa couleur qui est du rouge le plus vif & le plus beau. Il y a parmi les différentes plantes qui croissent sur la côte, une espèce d'aloës dont les nègres se servent pour faire d'excellente corde. Ils font des nattes & des panier avec différentes espèces de racines & de feuilles, & leurs manufactures en ce genre produisent réellement des objets très-élégans ; c'est l'art dans lequel ils paroissent égaler, sinon surpasser les européens.

Des minéraux. A l'exception de quelques essais superficiels, & qui n'ont pas réussi, faits par le chevalier de la Brue au commencement de ce siècle, les Européens n'ont jamais fait aucune recherche particulière sur les *minéraux* de cette côte, qui cependant mérite bien l'attention des naturalistes, quand on sait sur-tout dans quelle abondance on trouve de l'or dans l'intérieur du Continent, malgré le peu d'intelligence & de moyens qu'ont les nègres pour le retirer des mines. Ce seroit sans doute un objet bien important, que de faire un examen exact & suivi des productions métalliques des montagnes, particulièrement de celles de *Sierra-Leona*, & du pays adjacent. J'ai trouvé à *Galam* une espèce de fer très-dur & excellent, & que les nègres mettent en œuvre avec beaucoup d'industrie (1)

―――――――――――――

(1) Les observations minéralogiques faites par mon compagnon de voyage, le capitaine Arrhénius, sur cette partie de la Côte que nous avons parcourue, relativement sur-tout aux volcans, seront sans doute du plus grand intérêt, lorsque le temps lui aura permis de les rédiger.

OBSERVATION. — *Je ne peux me dispenser de dire ici que M. Geoffroy de Villeneuve, jeune officier françois, & habile naturaliste, qui a fait, en 1787, un voyage très-étendu dans l'intérieur du pays situé au dessus de Gorée, fera sûrement bientôt connoître une description fidèle de ces lieux, & d'autant plus intéressante, qu'il a étudié avec des connoissances profondes & des soins infatigables, le caractère des habitans & la nature du pays, de manière à faire le plus grand honneur à la philosophie de ce siècle.*

SECTION V.

Des obstacles qui s'opposeront aux établissemens des Européens sur la côte de Guinée.

CHAPITRE PREMIER.

Fausses opinions.

LA diminution de valeur des îles des Indes occidentales sera sans doute l'objection la plus forte contre les établissemens qu'on pourroit former sur la côte de Guinée ; mais cette objection, qui, pour être réfutée, n'exige pas une profonde politique, n'étant fondée que sur des principes faux & intéressés, pourroit être combattue facilement, si la brieveté que je me suis imposée me permettoit d'entrer dans cette discussion. Je me contenterai de dire que supposer que les nations européennes, qui ont des colonies dans les Indes occidentales, souffriroient des établissemens que l'on feroit en Afrique, est aussi absurde & aussi déraisonnable que de supposer que la propriété d'un homme seroit lésée en le mettant en possession d'autres biens en surcroît de ceux qu'il possède déjà. En admettant que les anciennes colonies diminuassent de valeur, la perte sera plus que compensée pour l'état par les établissemens qu'on formeroit dans un pays très-étendu, qui offre de lui-même les mêmes productions devenues si nécessaires au degré de luxe où les sociétés civilisées sont parvenues aujourd'hui. Je me suis convaincu sur la côte de toute la force de cette objection, & je me suis aperçu clairement que cette circonstance seule avoit empêché jusqu'à présent les différentes puissances de former des établissemens en Afrique. J'ai cependant reconnu que tôt ou tard les établissemens auroient lieu, & qu'ils ne manqueroient pas de réussir & de se fortifier, & qu'il en résulteroit enfin les plus solides avantages pour toutes les nations qui les posséderoient, & sur-tout pour celles qui seroient les premières à former une entreprise aussi profitable (1).

---

(1) Dire qu'il est nécessaire qu'une nation *libre*, *commerçante*, & *laborieuse* recherche des établissemens étrangers, lorsque la *population* & *les produits des*

Mais si les monarques, qui veulent même le bien avec le plus de force, sont entourés de courtisans remplis de vues d'intérêt & d'avarice, qu'ils déguisent sous les dehors trompeurs d'in-

───────────────

manufactures croissent dans la même proportion, est une vérité aussi évidente, que si l'on disoit que la *population* & le *commerce* doivent nécessairement diminuer quand on *n'accorde pas d'espace* à la première & quand on *cherche un entrepôt* au dernier. Il est donc vrai que la saine politique suggère que le gouvernement doit, avec le soin d'un père tendre & prévoyant, préparer des endroits convenables pour recevoir la surabondance de la population & des produits, principe que peu d'états ou de capitales semblent avoir observé dans l'établissement des Colonies. Je me propose, dans un autre essai, de faire voir que cette erreur fondamentale est la vraie cause de la dépense ruineuse & insoutenable dans laquelle toutes les colonies européennes ont entraîné les puissances dont elles dépendent. Je proposerai un plan dont je crois que l'adoption préviendra efficacement des conséquences aussi ruineuses dans tous les établissemens que les Européens pourroient former par la suite. Je ferai aussi l'énumération détaillée de la Côte de Guinée, & des denrées européennes que préfèrent ses habitans, & j'indiquerai quelques moyens & quelques précautions qu'il est bon de prendre quand on commerce avec eux & quand on les fréquente ; enfin je ne négligerai aucun des détails qui pourroient être utiles & intéressans.

térêt national, peut-on espérer que les lumières qui émanent d'une vaste politique, & qui pourroient dissiper les épaisses ténèbres dont les souverains sont enveloppés, puissent les disposer à adopter des plans dont l'étendue puisse être avantageuse aux hommes & conformes aux vastes lois de la nature ? La France & l'Angleterre, les royaumes les plus florissans de l'univers, & qui donnent des lois au reste de l'Europe, n'éprouvent-ils pas l'influence des puissans possesseurs des anciennes colonies & des riches négocians qui se sont emparés du commerce & leurs productions ? Il est impossible que des recherches, si délicates dans leur nature, soient faites avec cette pureté & cette exactitude incorruptibles, au travers des obstacles que ne cesseront d'y mettre l'orgueil & l'avarice des planteurs & des faiseurs de sucre, qui ne se laissent guider que par un vil intérêt personnel. (1).

---

(1) Je ne peux m'empêcher de faire quelques réflexions sur les étranges moyens que les François emploient pour encourager cet exécrable commerce. Ils accordent à leurs négocians une prime de 150 liv. tournois pour chaque esclave qu'ils importent à Cayenne & à la Guienne françoise ; 100 livres pour ceux qu'on porte dans la partie méridionale de *Saint-Domingue* ;

CHAPITRE II.

Des maladies.

ON peut mettre au rang des plus grands inconvéniens qui s'opposent aux établissemens des blancs en Afrique, les maladies auxquelles le climat de la côte rend sujets les Européens. Heureusement pourtant qu'il est possible de les prévenir en choisissant les lieux élevés & en formant d'abord le premier établissement dans une île, en maintenant l'esprit des nouveaux colons dans un état qui ne puisse point donner accès à

---

80 liv. pour la *Jérémie* & ses dépendances ; 60 livres pour *Sainte-Marie*, *Léogane* & *le Port au Prince*; & 50 livres pour le *Cap François* & ses dépendances. — Outre cela, le gouvernement paye 40 livres par tonneau à tous les vaisseaux qui vont à la Côte, & ils sont encore plus favorisés que tout autre dans leur capacité. Ces primes, accordées pour encourager la vente de la chair humaine, sont la cause & la source des abus les plus abominables, abus qui crient vengeance devant le ciel, & qui sont ou ne peut pas plus funestes au gouvernement qui les maintient & les fomente.

la mélancolie ni à aucune affection désagréable de l'ame ; en les accoutumant, comme je l'ai déjà observé, à un degré modéré d'exercice ; en les préservant soigneusement des brouillards & de l'humidité dans les saisons pluvieuses ; en leur donnant une nourriture saine, ou en leur faisant observer un régime régulier, & en maintenant la liberté du ventre. Ces précautions sont les antidotes les plus sûrs contre les mauvais effets qui résulent ordinairement d'un changement soudain de climat. C'est un fait confirmé par l'observation, qu'excepté les morts accidentelles ou les épidémies, maladies auxquelles tout pays est sujet ainsi que l'Afrique, les maux dont j'ai parlé règnent principalement parmi cette classe de gens qui se laissent entraîner par leurs passions brutales au delà des bornes de la raison, & dont les facultés intellectuelles sont toujours dominées par les sens. Rien n'est plus commun & plus funeste à cette classe que l'excès de la boisson. Néanmoins il existe sur les lieux des médicamens très-connus parmi les nègres, qui guérissent efficacement les maladies dont on ne peut pas se garantir.

CHAPITRE

CHAPITRE III.

Des maringouins ou moucherons.

CES infectes font en général très-inquiétans; mais comme ils ne s'engendrent que dans les lieux où il y a des eaux ftagnantes & en putréfaction, il eft aifé de concevoir que ce il n'eft pas fans remède, puifqu'en féchant les marais & en cultivant les terres, on détruit en grande partie la caufe qui le produit. Il eft également certain qu'il n'eft pas difficile de s'accoutumer à ces animaux, & qu'il eft étonnant même de voir avec quelle indifférence les nègres vont prefque entièrement nus, environnés des effaims de ces infectes, fans en craindre les attaques. La fumée eft en général un bon moyen de s'en préferver (1).

---

(1) M. Sefstrom, en Suède, a découvert en dernier lieu qu'une très-petite quantité de camphre, répandue fur des charbons ardens, faifoit périr fur le champ tout infecte atteint de cette vapeur, & je ne doute point qu'elle ne fût également funefte aux maringuoins. Voyez les actes de la fociété royale des fciences de Stockolm, année 1787.

P

CHAPITRE IV.

Des épines & des orties.

L'INCONVÉNIENT des épines & des orties sauvages qui croiffent en très-grande abondance parmi les arbres, les arbriffeaux, & les gazons, eft encore un obftacle à la culture; mais il deviendroit de peu de conféquence, fi l'on employoit les nègres à les arracher : ils y font tellement accoutumés, qu'ils ne craignent pas de pénétrer dans les lieux où elles croiffent le plus abondamment. D'ailleurs, en cultivant les terres, on feroit bientôt difparoître ces obftacles, ainfi que bien d'autres.

SECTION VI.

Réflexions.

D'APRÈS tout ce que nous venons de dire, & plusieurs autres détails particuliers qu'il est inutile de répéter ici, puisqu'ils ont été soumis aux yeux du public, il est évident que la traite des esclaves est un *commerce* porté au plus haut degré de la dépravation humaine, & il est à craindre que sa suppression totale, consentie par toutes les nations de l'Europe ne soit plutôt un vœu à former, qu'une chose à voir exécuter, à moins que quelques nations civilisées ne se réunissent pour établir des colonies sur la côte de Guinée. Puisse donc toute nation, prenant sérieusement à cœur la cause de la liberté, considérer ce remède efficace avec la plus grande attention, & profiter des grands avantages qu'on peut retirer d'un sol aussi fertile que celui de cette vaste partie du monde, par les moyens puissans que je viens d'indiquer, & principalement celui de la culture (1). Mais comme l'établissement des

---

(1) On a opposé au projet d'établir de nouvelles

colonies nouvelles & l'abolition succeſſive de ce commerce exigent la plus ſcrupuleuſe attention, j'oſe me flatter que, d'après l'expérience que j'ai acquiſe ſur cette matière, & les recherches que j'y ai faites, je mettrai toutes les perſonnes ſenſibles & déſintéreſſées à même de conſidérer cet objet important ſous le point de vue qui lui convient : je me crois donc obligé de leur ſoumettre les réflexions ſuivantes.

Quoiqu'ordinairement l'on compare les nations & leurs colonies à des parens entourés de

colonies en Afrique, des objections qui ont paru d'abord avoir quelque force, & qui ſe réduiſent à ces points principaux : 1°. que ce ſeroit introduire parmi un peuple ſimple & innocent les mœurs corrompues des Européens; 2°. que ces établiſſemens ſeroient des moyens d'étendre & de perpétuer l'uſage de faire des eſclaves; 3°. que le gouvernement ſeroit dans le cas de faire des ſacrifices conſiderables pour aſſurer la protection des colonies, & pour leur fournir tous les objets d'Europe dont ils auroient beſoin, &c. Je me propoſe, dans un ouvrage que je me prépare à publier, de ſoumettre à l'impartialité des lecteurs les réflexions que j'ai faites ſur ces objections, & je me ſuis efforcé de prouver l'erreur extrême où ſont, à cet égard, les vrais amis de l'humanité.

leurs enfans, cependant la comparaison n'est pas réellement juste, en considérant les choses sur le pied où elles sont à présent.

Dans toute famille, considérée individuellement, quel est l'objet le plus essentiel, & celui qu'on regarde comme le plus important & le plus utile, l'objet qui fixe le plus l'attention de la saine politique, si ce n'est la propagation de la race ? Quel est le père qui non seulement ne s'efforce pas de donner à ses enfans une aussi bonne éducation que celle qu'il a reçue, mais qui, poussé par la tendresse, ne cherche pas à lui donner un état plus élevé ? Partant de ce principe, a-t-il d'autre but que celui d'en faire des citoyens actifs, zelés, & laborieux, enfin de les disposer à être utiles à la société, & à y devenir un jour des chefs de famille aussi respectables qu'il l'a été lui-même ?

Il résulte donc de ce que nous venons de dire, que les enfans, lorsqu'ils arrivent à l'âge de maturité, peuvent bien avoir été utiles à leurs parens durant leur minorité ; mais que cependant on ne doit pas en conclure que, d'après un principe d'obligation & de reconnoissance mal entendue, ils doivent être à jamais inséparables de leurs parens. Non ; dans un âge plus avancé, la nature & la raison se réunissent pour les autoriser à s'émanciper, même contre la volonté de leurs parens, puisqu'à leur tour ils veulent se former un établissement indépendant, & jeter les fondemens de nouvelles familles, qui, augmentant la prospérité & la force de la société, font nécessairement le bonheur & l'avantage de ceux qui vouloient les retenir auprès d'eux ; autrement y auroit-il aucune société qui put se soutenir ? En un mot, un enfant est un fruit suspendu à un arbre ; arrivé à sa pleine maturité, il se sépare du rameau qui le soutenoit, & reproduit ensuite un nouvel arbre qui fait l'honneur de la forêt.

La reconnoissance & la tendresse filiale qu'un enfant conserve pour ceux qui lui ont donné le jour, sont toujours des sentimens proportionnés à l'éducation qu'ils ont reçue, & au lien qui s'est formé naturellement des deux côtés durant l'extrême jeunesse.

Les grandes sociétés doivent se conduire exactement d'après le même principe en formant des colonies, puisque les colonies ne sont autre chose que leurs propres enfans, ou, autrement dit, le superflu de leur population.

Ainsi donc, lorsqu'une grande société a donné

naissance à une petite, & qu'elle veut l'établir, peut-elle se gouverner d'après des vues plus nobles, que de n'avoir égard d'abord qu'à l'intérêt général des hommes, ou *à la société universelle*, & ensuite à l'avantage de sa propre colonie, ou *de la société en particulier?* Dans cet état respectif, n'est-il pas évident que le bonheur se placera au centre? N'est-ce point l'image d'un père de famille qui se réjouit du bonheur de ses enfans & de sa patrie? Mais y a-t-il quelque colonie existante qui ait été fondée sur ces principes veritablement humains? &, pour se servir toujours de la même comparaison, l'éducation que les colonies actuelles ont reçue, & qu'elles reçoivent encore de leurs parens intéressés & imprudens, ne prouve-t-elle pas la haine outrée qui règne entre des êtres qui devroient être unis par les liens les plus tendres? Quelle est la cause pour laquelle ces petites sociétés ont été forcées, par mésintelligence, de se séparer des grandes qui leur ont donné naissance, si ce n'est la perversité de l'éducation, combinée avec le faux principe par lequel on s'est efforcé de retenir dans les liens de l'assujettissement l'enfant qui étoit parvenu à son entier développement, & dont les forces n'avoient plus besoin d'aucun appui?

Pendant le peu de séjour que j'ai fait à Londres, j'ai pesé avec l'impartialité la plus sévère les objections que l'on a faites pour & contre l'esclavage : j'espère donc qu'il me sera permis de communiquer mes idées sur ce délicat & intéressant sujet, en prenant toujours l'homme pour principal objet de comparaison, comme l'être le plus parfait dans sa forme, & le modèle le plus accompli qui existe dans la nature.

Personne ne peut nier que les deux principales & distinctes facultés qui constituent essentiellement l'homme, sont la *volonté* & *l'entendement* : la première dérive d'une espèce d'amour, & l'homme la possédant en commun avec tous les autres animaux, en seroit le plus sauvage & le plus destructeur de tous, s'il n'étoit pas à même de cultiver en société son autre faculté, *l'entendement*, qui, par l'instruction, est susceptible d'une perfection infinie. Mais lorsque cette faculté est parvenue à sa maturité, elle acquiert alors le droit de diriger la volonté de la manière la plus conforme à la sagesse, & lui rend le même office que le gouvernail rend au vaisseau dont il dirige la marche la plus favorable au voyage.

Cette élévation de *l'entendement humain*,

au dessus de la *volonté* ou des *passions*, est la même que ce que nous appelons *éducation* ou *civilisation* ; éducation à l'égard de chaque homme en particulier, & civilisation à l'égard des hommes en général.

On peut diviser généralement en deux classes les plus grandes sociétés humaines : celles qui sont *civilisées*, & celles qui ne le sont pas, & les obligations des premières sont, à l'égard des dernières, ce que sont précisément les parens à l'égard de leurs enfans. D'après cette analogie entre les enfans & les nations non civilisées, on peut conclure aisément que les uns & les autres sont gouvernés par leurs passions en raison de ce que leur entendement n'est pas cultivé.

Si nous sentons en nous une voix distincte qui nous dit que nous devons chercher notre propre bonheur en cherchant à faire celui de notre postérité, nous sentirons aussi, en allant du particulier au général, que les nations civilisées doivent nécessairement, pour leur propre avantage, agir unanimement pour le bonheur de celles qui sont dans l'état de barbarie & de grossièreté.

Si le temps où les enfans sont en tutelle doit

être regardé comme un temps d'esclavage, je conviens que les nations civilisées ont quelque droit à exercer un certain empire sur celles qui ne le sont pas, pourvu que cet empire léger soit considéré comme un joug paternel, & que sa durée n'excède pas l'époque de la maturité d'âge de l'enfant.

Formons donc de nouveaux établissemens le long des côtes de l'Afrique, établissemens qui n'auront d'autre but que celui d'inviter les naturels à s'enrichir des produits de la culture de leur propre pays, par conséquent à les civiliser, double objet auquel ils sont très-capables de s'appliquer avec ardeur & plaisir. — Elevons donc des autels à l'humanité sur les débris de la tyrannie. Donnons à ces peuples foibles, timides, & ignorans, une éducation mâle & courageuse. Faisons-leur sentir toute la noblesse de leur origine, afin que sous notre tutelle ils puissent devenir généreux, d'après le sentiment profond de l'intérêt politique, & que cessant d'être des esclaves, ils ne soient plus que des hommes.

Aidons-les de tout notre pouvoir à cultiver librement le beau pays qu'ils habitent; prouvons, par exemple à cette multitude innombrable d'hommes, qu'ils sont possesseurs du sol le plus fertile,

Que ce soit aussi par l'exemple qu'ils apprennent à ne plus souffrir que l'on vienne les arracher de leur pays natal ; apprenons-leur à briser leurs fers, & à se venger des tyrans aveugles qui les leur donnent, en les servant bien plus utilement dans l'état de liberté.

NOTE POUR LA SECT. III & LE CHAP I.

Cette anecdote est rapportée par M. DE LA BLANCHERIE, d'après un extrait de ses voyages, publié à Paris, en 2 vol. 1775.

Un habitant de Saint-Domingue avoit un nègre qui depuis long-temps sollicitoit sa liberté qu'il avoit amplement méritée par ses services ; mais ce qui auroit dû la lui procurer étoit précisément ce qui empêchoit son maître de la lui accorder, c'est-à-dire, la grande utilité dont il lui étoit. Plus le nègre le pressoit pour obtenir sa liberté, qui lui avoit été promise, plus le maître trouvoit de prétextes pour éluder & différer l'accomplissement de sa promesse : il ne cacha pas même à son esclave le grand attachement qu'il avoit pour lui. Telle flatteuse que pût être cette manière de refuser, loin d'affoiblir son désir de devenir libre, elle ne servit qu'à l'augmenter. Il résolut donc d'employer d'autres moyens, ce fut de racheter sa liberté, en s'appréciant lui-même, selon les raisons que son maître lui avoit données pour se dispenser d'accomplir sa promesse. Dans quelques endroits de Saint-Domingue, les habitans n'entrent pas dans les détails de la nourriture & des vêtemens de leurs nègres. Ils se contentent de leur donner deux heures par jour pour cultiver une certaine portion de terre qui leur est accordée pour leur subsistance; ceux qui sont industrieux obtiennent par-là, non seulement ce qui leur est nécessaire, mais ils se mettent encore à même de faire un petit commerce plus ou moins considérable, selon leur activité & leurs talens.

Le nègre dont nous parlons, au bout de quelques années, gagna plus d'argent qu'il ne lui en falloit même pour se racheter, & en présentant à son maître l'or qu'il avoit ramassé, lui dit qu'il étoit résolu d'avoir sa liberté, & lui offrit de payer le prix d'un autre nègre. Le planteur surpris lui répondit : « Va, j'ai suffisamment fait le trafic de mes semblables, jouis de ce qui t'appartient, tu m'as rendu à moi-même ». En effet, il vendit sur le champ son habitation, & ne demeura à Saint-Domingue que le temps qui lui fut nécessaire pour faire la liquidation de ses biens. Il revint en France, & pour se rendre dans sa province, il fut obligé de passer par Paris. En séjournant dans cette capitale séduisante, il n'épargna rien de ce qui pouvoit donner une idée de cette opulence qui est attachée au nom d'un Américain. Il se livra à tous les plaisirs des sociétés les plus dispendieuses, & ne sut mettre aucunes bornes à son faste : bientôt sa fortune fut dissipée. Dans cette situation malheureuse il falloit bien prendre un parti ; mais lequel ? Un homme ruiné ne pouvoit se résoudre à demeurer en France, & il étoit si humiliant de retourner aux îles! Cependant, en réfléchissant, il se flatta d'y trouver plus de ressources que par-tout ailleurs, & mit sa confiance dans l'attachement de ceux dont il avoit fait la fortune à Saint-Domingue, plutôt que dans des personnes qui avoient contribué à le ruiner en France : il prit donc le parti de se rembarquer. Tous ceux qui connoissoient sa fortune furent fort étonnés de son retour au Cap. Tous le plaignirent, mais personne ne lui prêta le moindre secours. Ses anciens amis lui permirent seulement d'être témoin des plaisirs qu'il leur avoit procurés, sans vouloir l'admettre à partager leurs jouissances. Plusieurs de ceux qui lui avoient des obligations personnelles, n'étoient jamais chez eux quand il demandoit à les voir ; exemple déchirant, mais qui, quoique très-fréquent, n'est cependant pas assez puissant pour empêcher les hommes de toujours former de semblables liaisons. Ainsi, réduit à vivre dans les plus méchantes auberges du port, qui ne sont que les retraites des pauvres, il n'avoit pas encore vu le nègre, son ancien serviteur, soit qu'il lui eût été impossible d'apprendre où il étoit, ou que peut-être la honte de se présenter à lui dans une situation aussi funeste, l'eût empêché de s'informer de sa demeure ; il ne l'avoit pas encore rencontré : mais le nègre, qui avoit une maison à lui, ayant appris le malheur de son ancien maître, & découvert le lieu de sa retraite, alla bientôt se jeter aux pieds de son cher bienfaiteur, car ce fut ainsi qu'il le nomma, en versant un torrent de larmes sur sa déplorable situation. Son zèle ne se borna pas à des paroles ; il le mit à la tête de sa maison : mais réfléchissant qu'en le mettant à sa place, c'étoit mortifier son amour

propre en l'exposant au mépris inséparable de l'indigence, & au mal-aise qui résulte du sentiment de la dépendance ; il sentit tout le poids que les bienfaits d'un affranchi peuvent causer sur un esprit libre & généreux. « Mon cher maître, lui dit-il en embrassant ses genoux, je vous dois tout ce que je suis; disposez de tout ce que je possède ; quittez le pays où vos malheurs passés pourroient vous en occasionner de nouveaux, & abandonnez tous ces ingrats que vous obligeâtes autrefois sans penser à leur demander jamais aucun compte des services que vous leur avez rendus ». Et comment me seroit-il possible de retourner en France ? « Ah ! mon
» cher maître, votre esclave seroit-il assez heu-
» reux que de pouvoir vous faire accepter un
» léger tribut de sa reconnoissance ? Voulez-vous
» lui faire cette faveur » ? Le maître attendri ne savoit quelle réponse faire. Le nègre continua : « Quinze cents francs suffiroient ils » ? 'Ah ! c'est bien plus qu'il ne faut, s'écria le maître en fondant en larmes. Aussi-tôt le nègre le quitte & revient en lui apportant un acte par lequel il lui assuroit quinze cents livres de rente sa vie durant. Le planteur est actuellement en France, & reçoit chaque année sa pension six

mois d'avance. Ce nègre s'appelle *Louis Des-rouleaux*, & je l'ai vu au Cap, où il continue d'avoir une maison.

F I N.

TABLE
DES MATIERES
Contenues dans ce volume.

Extrait d'une lettre de l'auteur à l'éditeur. Page 1

Introduction. 11

Mémoire du règne de Boſſa-Ahadée, roi de Dahomé. 15

Voyage à la cour de Boſſa-Ahadée, roi de Dahomé. 73

Supplément. 151

Observations sur la traite des esclaves, &c. 163

Epitre dédicatoire aux dames. 165

Préface. 167

SECT. Iere.

De la manière de se procurer des esclaves.

Chapitre Ier. De la guerre. 175

Chap. II. Du pillage. 180

Chap. III. *De l'enlèvement.* 190
Chap. IV. *Des trahisons ou stratagêmes.* 193

SECT. II.

De la manière dont les nègres sont traités par les Européens.

Chap. I. *Des nègres considérés comme négocians.* Pag. 197
Chap. II. *Des nègres considérés comme esclaves.* 199

SECT. III.

Si les nègres sont naturellement industrieux.

Chap. I. *Dans les pays étrangers.* 203
Chap. II. *Dans leur propre pays.* 204

SECT. IV.

Description de la Côte.

Chap. I. *Du climat.* 208
Chp. II. *Du sol.* 212
Chap. III. *Des productions.* 213
— *Animales.* Ibid.

— *Végétales.* 214
— *Minérales.* 217

SECT. V.

Des obstacles qui s'opposeront aux établissemens des européens sur la côte de Guinée.

CHAP. I. *Fausses opinions.* Pag. 219
CHAP. II. *Des maladies.* 223
CHAP. III. *Des maringouins.* 225
CHAP. IV. *Des épines & des orties.* 226

SECT. VI.

Réflexions. 227
Note pour la section III. 235

Fin de la table.

www.ingramcontent.com/pod-product-compliance
Lightning Source LLC
Chambersburg PA
CBHW070524170426
43200CB00011B/2310